Angelika Königsfeld

"Liebe war ja auch dabei ..."

LitRevier 5
herausgegeben von
Werner Boschmann

Verlag und Verfasserin danken den privaten Leihgebern für die freundliche Unterstützung mit Bildvorlagen.

LitRevier 5
copyright: Verlag Rainer Henselowsky
Kiek ut 20, 4300 Essen 11
Druck: Peter Pomp GmbH, Essen
1. Auflage, September 1989
2. Auflage, November 1989
ISBN 3-922750-11-7

Titelfoto: Bürgerfrau mit ihren sechs Kindern (1914)

"Man kann Freude in sich haben
und
doch all das Leid ertragen."
Käthe Kollwitz

LitRevier — Literatur aus dem Revier

Ein- und Abgrenzungen sind rein geografischer Art:
LitRevier *will sich mit dem Ruhrgebiet beschäftigen und ausein- andersetzen, will Menschen zu Wort kommen lassen, die das Gebiet zwischen Rhein, Ruhr und Emscher leben und erleben. Die literarische Themenpalette ist nahezu unbegrenzt:*
LitRevier *will Unentdecktes und Unbequemes, Außergewöhnli- ches und Forderndes darstellen, will dazu auffordern, sich über persönliches Erleben und allgemeingültiges Erfahren vor Ort zu äußern.*
LitRevier — Literatur aus dem Revier

Inhalt

Vorwort

Die Idee zu diesem Buch habe ich meinen Töchtern zu verdanken. Als Laura geboren wurde, stand unser durchorganisierter Erwachsenenhaushalt plötzlich kopf, unser Lebensrhythmus wurde durch das Kind bestimmt, der Alltag geriet aus den Fugen. Drei Jahre später kam Charlotte zur Welt. Der Kreislauf von Windelwechseln, Füttern, Wäschewaschen und phonetischen Dramen mitten in der Nacht begann aufs Neue. Auch die Ängste kehrten zurück, die Sorgen um dieses kleine menschliche Wesen, für das wir nun die volle Verantwortung trugen.

Längst vergessene und verwehte Erinnerungen tauchten plötzlich wieder auf, Erzählungen aus der Kindheit meiner Großeltern, die alle mit vielen Geschwistern aufgewachsen waren. Statt der einstigen Skepsis oder dem heiteren Darüberstehen gewann ich zunehmend eine andere Haltung zu diesen Geschichten über den Alltag großer Familien um die Jahrhundertwende. Ich wurde neugierig, hörte mich um - und fand immer mehr Hinweise darauf, daß Familien mit großer Kinderschar keine Seltenheit waren. Unwillkürlich stellte sich bei mir eine Frage immer wieder ein: Wie bewältigten die Mütter die Alltagspraxis ohne den selbstverständlichen Komfort unserer Zeit? Wenn zwei Kinder schon Pflicht und Kür des Alltags wie Dampfhämmer zertrümmern, wie muß es damals gewesen sein? Aus alten Bildern weht uns häufig eine Behaglichkeit entgegen, die sich im Alltag nur schwerlich aufrecht erhalten läßt. War die sogenannte "gute alte Zeit" wirklich so gut? Das Fazit unseres Jahrhunderts bis hin zum "Wirtschaftswunder" der fünfziger Jahre deutet nicht darauf hin.

Und die Frauen? Es war immer ein vehementes Anliegen der Männerwelt gewesen, die Frauen in ihre angeblich natürlichen Schranken zu verweisen. Und das bedeutete nichts anderes als die Beschränkung auf den Privatbereich von Haus und Familie, auf das nahtlos vordefinierte "Dasein für andere". Ihnen wurden Bildungschancen vorenthalten, wurde das Recht verweigert, sich politisch zu betätigen, wurden persönliche Lebensentscheidungen größtenteils versagt.

Und das Kinderkriegen? Die Schwangerschaften früherer Zeiten verliefen sicher nicht angenehmer als heutige. Die Schmerzen bei der Geburt waren auch die gleichen, nur heute haben wir die Möglichkeit, in einer Klinik unserer Wahl zu entscheiden, inwieweit wir

bereit sind, sie zu ertragen, und wir haben heute die Möglichkeit, die Zahl unserer Kinder selbst zu bestimmen.
Und die Kinderversorgung? Wir verfügen heute über die segensreiche Erfindung der Wegwerfwindel, wo unsere Altvorderen in mühsamer Handarbeit die Stoffwindeln am Waschbrett rubbeln mußten, wir haben heute hunderterlei elektrische Hilfsmittel zur Verfügung, von der Waschmaschine bis zum Warmhalter für die Babykost. Unsere Vor-Mütter konnten mit viel Glück eine elektrische Glühbirne ihr eigen nennen.
Und die Kinder? Die kamen früher auch nicht mit einer eingebauten Uhr zur Welt, hatten auch nachts Hunger oder Alpträume, haben auch gelitten bei den ersten Zähnchen, wollten beschäftigt sein und Liebe und Zuneigung erfahren, hatten ihre Sorgen in der Schule oder ihren ersten Liebeskummer.
Und die Väter? Ein Vater, der sein Kind mit der Routine einer Säuglingsschwester wickelte oder im Kinderwagen durch den Stadtpark schob, hätte damals öffentliches Aufsehen erregt. Das schickte sich nicht, das war unter der Würde des Mannes, was immer man darunter verstehen mag. Eine Frage drängt sich mir immer mehr auf: Wie konnten die Frauen, diese Mütter, das alles schaffen?
Ich wollte mehr wissen über sie, und über ihren Alltag, ihre Lebensgewohnheiten, über Kindererziehung, Schule, Religion, Freizeitgestaltung, Wohn- und Essensgewohnheiten, Lebenserwartungen, Wünsche und Bedürfnisse, über die Dinge, die in ihrem Leben eine wichtige Rolle gespielt haben. Ich habe lange und intensive Gespräche geführt mit Frauen, denen eines gemeinsam ist: Sie kommen alle aus Familien mit vielen Kindern, wurden alle in der Zeit von 1907 bis 1921 geboren, wuchsen alle im Ruhrgebiet auf und leben auch heute noch hier. Darüber hinaus habe ich mit Menschen gesprochen, deren berufliche Tätigkeit die Lebenssituation der Familien berührte. Sie haben größtenteils aus ihrer eigenen Erfahrung, teils auch aus der Erinnerung an ihre Vorgänger über jene Jahre erzählt.
Die Aussagen in den Texten sprechen für sich. Ich habe sie weder zensiert noch inhaltlich korrigiert, sondern lediglich die Gesprächsinhalte thematisiert. Dabei habe ich versucht, das Wesentliche des gesprochenen Stils zu bewahren. Durch diese Lebendigkeit sowie die anschaulichen und authentischen Beispiele entstanden Einblicke in vergangene Lebenswelten, die in die Erinnerung an die eigene Familie führen können.

Angelika Königsfeld

Urahne in westfälischer Tracht, Großmutter, Mutter und Kind

Kinder wie die Orgelpfeifen

Lisbeth

Lisbeth wird 1876 geboren. Sie wächst mit 13 Geschwistern auf. Sie ist 20 Jahre alt, als sie den elf Jahre älteren Kaufmann Johann heiratet. Ein Jahr später wird das erste Kind geboren; im Alter von 43 Jahren bringt sie das 17. und letzte Kind zur Welt. Sie stirbt 82jährig an den Folgen eines Gehirnschlages.
Die Tochter Klara, das 17. Kind, heute 69 Jahre alt, Hausfrau und Mutter von drei Kindern, erinnert sich:

"Ich weiß nicht, ob meine Mutter so groß gefragt wurde ..."

Wie immer erzählt wurde, hat mein Vater um meine Mutter geknobelt. Ja, in der Kneipe hat er gesessen mit ein paar Kollegen, und dann haben die darum gewettet, daß er meine Mutter heiratet. Ich weiß nicht, ob meine Mutter so groß gefragt wurde. Die waren zu Hause mit 14 Kindern - und das war ja immer so, daß die froh waren, wenn die Mädchen geheiratet haben. Meine Mutter war damals 20, mein Vater 31 Jahre alt.
Und dann, dann haben sie sich erst einmal eine Existenz aufbauen müssen. Wie erzählt wurde, sind sie mit einer Waage und ein paar Äpfeln angefangen. Die Eltern väterlicherseits hatten auch so ein Geschäft - Obst und Gemüse. Kann sein, daß sie zuerst auf dem Markt gestanden haben. Später haben sie dann ein Ladenlokal angemietet.
Über dem Laden hatten sie erst ein paar Räume, einige Zeit später konnten sie dann das ganze Haus anmieten. War ja nicht so teuer damals.
Wir hatten eine große Küche, ein kleines Wohnzimmer und ungefähr acht kleine Kammern, aber alles eben ganz primitiv. Einen Ofen gab es nur in der Küche und im Wohnzimmer so einen Kanonenofen, aber das wurde ja nur sonntags benutzt. Sonst war das Haus kalt, bitterkalt im Winter vor allem. Frostbeulen waren da an der Tagesordnung.
Im Hof waren dann noch ein paar Ställe für ein Schwein und ein paar Hühner. Na ja, und das Klo war ja auch draußen, so ein richtiges Plumsklosett eben. Badezimmer und so was, das kannten wir

doch damals nicht. Wir mußten uns in der Küche waschen. Da gab's wohl fließend Wasser, kalt natürlich. Elektroanschluß gab's auch nicht. Als Kinder sind wir abends immer mit der Kerze nach oben zum Schlafen. Später gab es dann elektrisches Licht, aber auch erst nur im Laden.

"Von dem Tag an war die Tür verschlossen ..."

Mit 21 hat sie dann das erste Kind bekommen. Ich hatte so manchmal den Eindruck, daß die Frauen früher gar nicht so richtig wußten, worum es ging.
Wenn eine Frau mit einem Mann zusammen war, dann kriegt sie ein Kind. Fertig! Die kannten es ja gar nicht anders. Die kannten ja nichts von Verhütung und so. Sie haben sich einfach darin ergeben. Sie hat ja nicht begriffen, daß man auch mal kein Kind bekommt. Erst als meine Mutter alt war, konnte sie über diese Dinge sprechen. Da hat sie mir erzählt, wenn sie wieder in Umständen war,hat sie zu ihrem Mann gesagt: Go doch wech! Die haben ja früher immer platt gesprochen. Also, dann hat sie sich ja wohl verweigert. Meine Mutter ging jeden Morgen in die Kirche, selbst mit einem so dicken Bauch noch. Und was hat die gebetet.
Diese Religiösität, dieses Fromme, daran hat sie sich ja nur hochgehalten. Sie hat immer erzählt, wenn sie nicht in die Kirche gegangen wäre oder gebetet hätte, dann hätte sie das alles gar nicht durchgestanden. Und die Kirche hat ja immer gesagt, alles andere ist Sünde. Dann mußt du eben ein Kind kriegen. Und die Frauen haben sich nicht dagegen gewehrt.
Bei den einfachen Leuten war eben das, was der Pastor gesagt hat, selbstverständlich. Und danach wurde gelebt. Früher war alles tabu, da wurde ja nicht darüber gesprochen. Aber als sie später bei mir war, hat sie schon mal was erzählt.
Wie ich auf die Welt kam, lag meine Mutter praktisch schon im Sterben. Sie wäre fast verblutet. Da ist der Arzt laufengegangen und hat gesagt, daß er es nicht mehr mit ansehen kann, und da hat sie die letzte Ölung gekriegt. Aber mein Vater hat einen anderen Arzt gerufen, und der hat meiner Mutter das Leben gerettet. Der hat gesagt, also wenn sie noch mal ein Kind bekommt, dann ist sie aber wirklich tot. Von dem Tag an hatte sie ihre Tür verschlossen. Da mußte mein Vater woanders schlafen.

"Der Mann war ja früher sowieso der Herrgott ..."

Wir hatten ja einen Laden gehabt. Und unser Vater, der hat sich um den Einkauf gekümmert. Alles andere war Sache meiner Mutter. Sie ist abends um acht oder neun ins Bett und frühmorgens wieder raus und hat erst mal den Ofen in der Küche angemacht. Und dann ging's ja auch schon los mit der Hausarbeit, mit den Kindern, mit dem Laden. Früher waren die Geschäfte ja auch länger offen, und sonntags kamen die Leute hinten rum. Und wehe, du hast gesagt, wir machen das nicht. Dann kam keiner mehr.
Wenn dann ein Kind kam, dann hat sie nach drei Tagen schon wieder im Laden gestanden und in der Waschküche morgens um drei. Die konnte sich nicht lange ausruhen und auch nicht lange schlafen. Ich weiß gar nicht, wie sie das überhaupt geschafft hat. Mein Vater saß, wenn der Einkauf erledigt war, immer in der Ecke im Laden und hat sein Pfeifchen geraucht. Die Mutter hat sich abgerackert. Aber dagegen aufgelehnt hätte sie sich nicht.
Der Mann war ja sowieso der Herrgott. Bei der Hausarbeit oder bei der Kinderversorgung hätte der doch nicht mitgeholfen. Der hat sich nur um den Einkauf gekümmert.

"Und abends saß der Vater immer in der Kneipe ..."

Ein Zeitlang hat mein Vater wohl Kohlen gefahren für die Zeche, mit Pferd und Wagen. Die Zechen lieferten an ihre Kumpel Kohlen, Deputatkohlen, und die mußten ja gebracht werden.
Da hatten wir so einen Wagen für ein Pferd mit zwei Deichseln vorne. Der Wagen konnte gekippt werden. Da mußte so eine Stange gelöst werden, und hinten hat der eine Klappe gehabt. Ungefähr eine Tonne paßte da rein.
Dafür kriegte er ein paar Mark. Dadurch hatte er dann auch immer so ein bißchen Taschengeld. Und dann saß er dann abends mit ein paar anderen Männern in der Kneipe und hat Karten gespielt. Es gab ja so viele kleine Gaststätten früher. Die Frauen waren ausgeschlossen. Die hatten schön zu Hause die Kinder aufzupassen und zu arbeiten. Die wurden ganz schön ausgebeutet.
Was die doch überhaupt nicht kannten, mal zusammen rausgehen oder irgendwas gemeinsam unternehmen. Der Vater ist jeden Abend los, aber die Frauen hatten doch gar keine Möglichkeit dazu.

Einpökeln

Auf 50 kg Fleisch (Schinken, Schulterstücke, halbe Köpfe, Speckseiten und Kleinigkeiten) rechne man 2,5 kg feines Salz und 45 g Salpeter.

Man bestreue den Boden des Fasses dünn mit Salz, reibe die Speckseiten gehörig damit ein und vermische dann das übrige Salz mit dem Salpeter.

Hiermit reibe man nun die Schinken so stark ein, daß sie kein Salz mehr aufnehmen, auch die übrigen Stücke, lege die Schinken unten ins Faß, fülle jeden Raum, auch den kleinsten, mit kleinen Stückchen Fleisch oder Knochen aus und packe alles so, daß es fest ineinander schließt, streue das übriggebliebene Salz lagenweise auf das Fleisch und lege die Seiten, auch mit Salz bestreut, obenauf.

Von diesem festen Zusammenpacken hängt viel der reine Geschmack des Fleisches ab.

Auch ist hierbei zu bemerken, daß es zum Erhalten des Fleisches besser ist, den auf der Fleischseite hervorstehenden Knochen nicht abzusägen. Es kann dies, falls der Schinken zum Kochen bestimmt ist, vor dem Gebrauch geschehen.

Ebenso ist es zu raten, das Fleisch nicht vom Knochen los zu machen, um die Lücke mit Pfeffer und Salz zu füllen, wie es häufig geschieht.

Über den Zeitraum des Einpökelns ist man verschiedener Ansicht. Meiner Erfahrung nach können 14 Tage angenommen werden. Aufmerksame und erfahrene Ökonomen halten es für besser, das Fleisch nicht über 8 Tage in der Pökel liegen zu lassen. Man hänge es danach zum Räuchern an einen luftigen Ort und räuchere womöglich mit Wacholder, wozu man auf folgende Weise leicht eine Einrichtung treffen kann: Es wird nämlich da, wo geräuchert werden soll, ein alter Ofen ohne Deckel und Röhre hingestellt, mit einigen Wacholderzweigen gefüllt, die angezündet werden.

Dies wird wenigstens 8 Tage täglich wiederholt, während auch dem Fleisch durch Öffnen des Fensters häufig Luft gegeben werden muß, weil nicht Rauch allein, sonder Rauch mit Luft verbunden dem Fleische einen guten Geschmack gibt.

Henriette Davidis, Mutters praktisches Kochbuch, 1844,

Aber ich finde immer, wenn die Frau heute berufstätig ist und hat Kinder, dann ist sie auch heute noch doppelt belastet. Da kann mir einer sagen, was er will. Es sind doch die wenigsten Männer, die ja wirklich den Haushalt machen. Also, das ist scheinbar immer noch schwer für die Männer.

Herzliche Umarmungen oder mal ein Kuß, das wäre früher unmöglich gewesen. Das war doch unter der Würde des Mannes. Und das durfte vor allem auch keiner sehen.

Später, als meine Mutter dann bei uns war, hat sie immer gestaunt, mein Gott, dein Mann, der geht ja wenigstens mal mit dir raus oder spricht mit dir. Das kannten die alle gar nicht. Da wurde nur über das Nötigste gesprochen, bei uns zu Hause.

"Sieh zu, wie du weiterkommst ..."

Die Babys, die wurden früher gewickelt, monatelang. Gepuckt nannte man das. Das war so eine dicke Ligge und dann noch zwei Tücher, und da wurden die drin eingepackt. Und dann gab's noch so eine Bauchbinde, die wurde ganz fest drumgewickelt. Das war das Wickelband.

Drei Monate wurden die bestimmt so gewickelt und durften sich nicht rühren. Sonst würden die Muskeln nicht stark, hat man gesagt. Die blieben ja sowieso die ersten neun Monate im Bett. Saubergemacht wurden sie und gestillt, zumindest in der ersten Zeit. Die Mütter haben immer gedacht, wenn sie stillen, dann kriegen sie kein Kind, und das war ein ganz großer Irrglaube.

Heute wissen die Frauen ja auch, wann sie empfänglich sind und wann nicht, aber das wußten die damals doch gar nicht. Dann hätten sie wirklich keine 17 Kinder bekommen brauchen - dann hätten sie auch ihre bestimmten Tage gehabt, wo es ungefährlich war. Aber wenn die das gewußt hätten und wären dann zusammengewesen, dann wäre das doch eine Todsünde gewesen. Da durftest du nicht mehr kommunizieren gehen und alles.

Nach neun Monaten wurden die Kinder dann auf die Erde gelegt, und dann hieß es, sieh zu, wie du weiterkommst. Das gab's doch früher nicht, daß die sich mal mit den Kindern unterhalten haben oder so. Die Kinder waren eben da und fertig.

Meine Mutter erzählte oft, daß sie drei Kinder hatte, die nicht richtig laufen konnten. Das eine machte mit dem Daumen im Mund die

Kommunionkleidung (um 1910)

ersten Gehversuche, das andere kroch im Zimmer umher, und eins lag im Bett. Das gab's doch nicht, daß die immer rumgeschleppt wurden oder überall dabei waren.

Die hatten ja nicht mal die Zeit gehabt, dem Kind die Flasche zu geben. Es gab früher so Flaschen mit einer Vorrichtung, da brauchten die Mütter nicht dabei zu sein. Die wurde so ins Bett gelegt, daß das Kind saugen konnte, damit es müde wurde. Meine Mutter mußte ja im Laden stehen.

Und allein die Ernährung früher. Da gab es ja nicht das, was es heute alles gibt. Die kriegten nur Milch, vielleicht mal mit Gries oder Haferflocken.

"Dann schafft euch mal schnell ein neues an ..."

Die ersten beiden Kinder, die sind in einer Nacht gestorben. Waren zwei und drei Jahre alt. Die Mutter hat neun Tage und neun Nächte am Bett gesessen, und in der Krisis sind sie dann gestorben. An Scharlach, es gab ja damals noch kein Penicillin oder so was.

Da hatte sie ja dann nur noch eins von sieben Monaten, das war unser Lieschen. Aber die beiden anderen konnten ja schon ein bißchen laufen und sprechen, und plötzlich waren sie tot, in einer Nacht. Das war furchtbar für unsere Mutter. Und da wußte sie ja noch nicht, daß sie noch 14 Kinder kriegt.

Und einmal war sie im Krankenhaus mit einer Mittelohrentzündung und wurde operiert. Als sie dann nach Hause kam, war ein Kind gestorben, und das andere lag im Bett und hatte Lungenentzündung. Es ist einige Zeit später auch gestorben. So war das dann, wenn die Mutter mal nicht da war.

Die haben ja früher genauso darunter gelitten, wenn ein Kind starb wie heute. Auch wenn sie so viele Kinder hatten. Und dann wurde immer gesagt, dann schafft euch mal schnell wieder ein neues an. So wurde dann gesprochen, auch von den Ärzten. Das war so die Einstellung, die die früher hatten.

Größere Kinder hat sie auch verloren. Unsere Agnes mit 38 und der Fritz mit 38. Die Agnes war verheiratet und hatte zwei Kinder, die ist kurz nach dem Krieg gestorben. Sie hatte es an der Lunge, weil es ja nichts zu essen gab.

Dann hat unsere Mutter noch einen beerdigt, mit 55, den Johann. Das war furchtbar, da hat sie zuviel gekriegt. Sie hat schrecklich

Hausmittel

Das "Heete Brett" wurde bei Erkältungskrankheiten ange-
wandt. Ein Eichen- oder Buchenbrett wurde im Backofen
erwärmt. Dann kam eine Decke oder ein Handtuch darüber,
und das Kind mußte sich daraufsetzen, damit die aufsteigen-
de Wärme in den Körper ziehen konnte.

Rohe Zwiebelscheiben wurden zur Behandlung eines Furun-
kels genommen. Auf die Zwiebelscheibe wurde ein Kohlblatt
gegeben und das ganze mit einem Verband umwickelt. Einen
Tag wurde der Verband auf der Wunde gelassen. Statt Zwiebel
und Kohlblatt wurde auch oft ein Stück von ungesalzenem
Speck verwandt.

Ein mit Schmalz und Muskat eingeriebenes Leinentuch diente
zur Linderung von Halsschmerzen oder Husten. Das Tuch
wurde dem Kranken auf die Brust gelegt und dort einige
Stunden lang belassen.

Eiweiß diente zur Behebung von Kopfschmerzen. Ein bis zwei
Eier wurden aufgeschlagen, das Eigelb vom Eiweiß getrennt
und letzteres auf die Stirn gerieben. Nachdem es hart geworden war, wurde es eine halbe bis eine ganze Stunde lang auf
der Stirne belassen.

geweint und war traurig und hat immer wieder über die Kinder gesprochen. Dieses Gefühl war wohl da. Früher hatte sie gar keine
Zeit für die Kinder. Jetzt hätte sie Zeit gehabt, aber jetzt war sie ja
alt.
Gesprochen wurde über den Tod nicht. Wenn ich heute darüber
nachdenke, hat man das eigentlich so hingenommen. Heute denke
ich viel mehr darüber nach, trotzdem das 40 Jahre her ist.

"Wir Kinder hatten doch nichts zu sagen ..."

Heute spricht man so viel von Erziehung. Ja, was wurde denn an
uns erzogen? Wir wurden doch groß wie Unkraut. Wir wurden doch
nur diszipliniert, nur in Schach gehalten. Die Kinder hatten früher
nichts zu sagen. Der Vater war der Oberste, und die Kinder hatten
alle schön zu parieren. Das war nicht nur in unserer Familie so,
das war allgemein so.
Und die Mutter hatte letztendlich ja auch nur zu parieren. Wenn
der Vater nach Hause kam, dann drehte sich alles um ihn. Und ich
weiß auch, daß der Vater immer das größte Stück Fleisch kriegte
und alle anderen nur ein Stückchen.
Und spielen, das durften wir ja auch nicht so wie heute. Daß wir
immer weg durften und Spielkameraden treffen konnten. Da war
ja nicht viel Zeit. Wir mußten ja auch im Laden mithelfen. Was
hatten wir denn für Spielzeug? Nichts! Ich kann mich nur erinnern,
daß ich von meiner ältesten Schwester, als die in Holland in Stellung war, mal einen Puppenwagen bekommen habe mit einer
Puppe. Ja, da war ich stolz!
Und dann einmal ein Handarbeitskörbchen. Das hat mir eine andere
Schwester wieder abgenommen. Das hab' ich mein ganzes Leben
nicht verkraftet, daß unsere Agnes mir das Körbchen wieder abgenommen hat, wo ich das doch mit zur Schule zum Handarbeitsun-
terricht mitnehmen wollte. Das hab' ich bis heute noch nicht vergessen. Das wird man nie im Leben los. Ich kann heute noch nicht
haben, wenn mir einer was vom Teller nimmt, auch so aus Spaß.
Damals hab' ich geheult und gejammert, aber da wurde ja nicht
nach gefragt. Die hat mir das genommen und fertig. Da haben die
Eltern gar kein Gedöne drum gemacht.
Andere Kinder hatten zwar Spielzeug, aber wir nicht. Die hatten
dolle Puppen und Herde zum Spielen. Ich hab' mir einmal bei einer

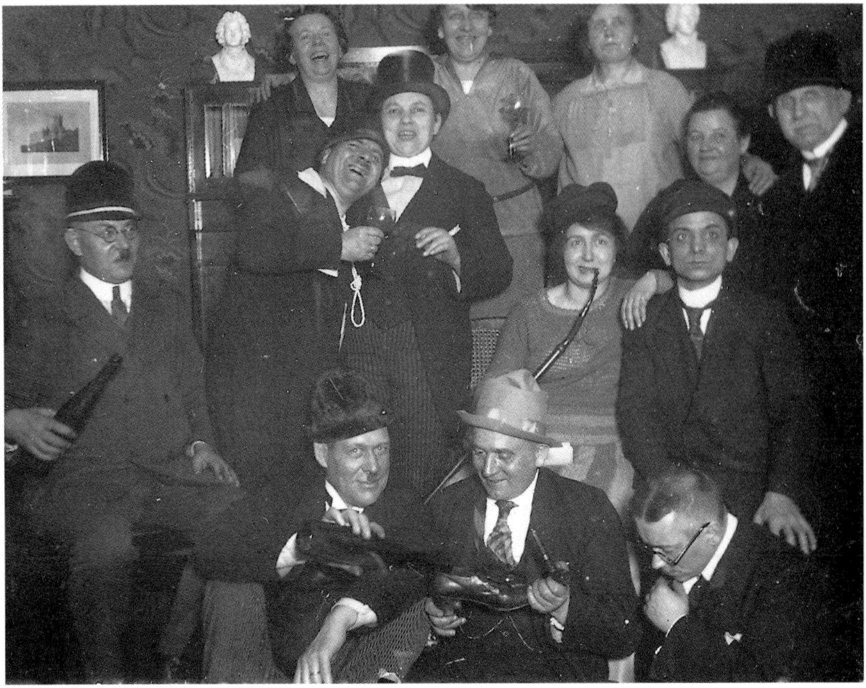

Familienfeier im Bürgerhaus (um 1925)

Unsern lieben Eltern,
dem Silberjubelpaare

**Johann Hoffmann
und Gemahlin**

Elisabeth geb. Jörgens

zur Feier der Silbernen Hochzeit
am Samstag, den 15. Mai

**die herzl. Glück-
u. Segenswünsche**

Ein seltenes Fest ist heute Euch beschieden,
Der Silberhochzeit froher Tag!
Ein schöner Tag, der schönste wohl hienieden,
Den Gott Euch nur bescheren mag.
Denn fünfundzwanzig Jahre sind entschwunden,
Seit Euch die treueste Lieb' verband;
Im heitern Licht, wie auch in trüben Stunden
Sah man Euch wandern Hand in Hand.
Drum Bräutigam und Braut, Ihr möget leben,
Von Lieb und Freude stets umringt,
Bis einstens Euch das Hoch beim Saft der Reben
Zur goldenen Hochzeit klingt.

Gewidmet von
Euren dankbaren 12 Kindern.

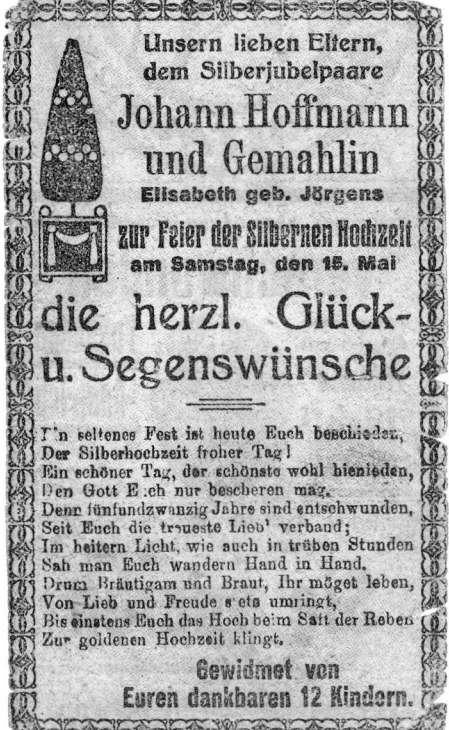

Zeitungsanzeige (um 1920)

Freundin ein paar Puppenlappen geklaut, wo man so Puppenklei-
der draus machen konnte. Ja, da war was los, als unsere Mutter das
gesehen hat. Die mußte ich aber ganz schnell wieder zurückbrin-
gen. Ich bin ganz stickum hin und hab' die bei denen wieder auf
die Fensterbank gelegt. Ich wollte ja auch mal so was haben.
Die Eltern sind ziemlich streng mit uns umgegangen, nicht besonders liebevoll. Es hieß eben, wehe wenn du nicht gehorchst. Und
wenn du nicht gehorcht hast, dann hat es eben Schläge gegeben,
richtige Schläge. Da wurde kein Unterschied gemacht zwischen
Jungen und Mädchen. Oder du mußtest im Haus bleiben oder
ohne Essen ins Bett, wenn du irgendwas verbrochen hattest.
Das war alles so, na ja, man hat eben nicht diese Liebe empfangen, keine Mutterliebe, keine Vaterliebe, weil die ja gar keine Zeit
dazu hatten. Das haben wir eigentlich doch sehr vermißt.
Ich weiß noch, daß ich mal zu unserer Mutter auf den Schoß wollte.
Ach go doch wech, ick hab jetzt keen Tied, hat es da immer ge-
heißen.
Wie man klein war, da wollte man ja auch mal schmusen. Aber das
hat es nicht gegeben bei uns.

"Und dafür hat sie dann ihr ganzes Leben lang geschuftet ..."

Wir gehörten ja zum Mittelstand, und unser Auskommen hatten wir
auch. Nur dadurch, daß meine Eltern das Geld nicht richtig angelegt hatten, haben sie es zweimal verloren. Durch die Inflation. Die
haben gedacht, wenn sie es zur Sparkasse bringen, ist es gut auf-
gehoben. Andere haben sich für ihr Geld Häuser gekauft oder so.
Da blieb dann später wenigstens was.
Für jedes Kind wurde damals ein Sparbuch angelegt. Das haben
die wohl gemacht, daß wir versorgt sind, wenn mal den Eltern was
passiert. Aber es ging ja alles verloren.
Meine Mutter bekam eine Rente von dem Hitler, weil sie Goldgeld
verloren hatte, eine Kleinrente. Wie der Krieg zu Ende war, gab es
auch diese Rente nicht mehr.
Sie hat das Geschäft erst abgegeben, bevor der Krieg anfing. Da
war sie an die 70. Das Geschäft war überhaupt das einzige, was
ein paar Pfennige abwarf, um den Lebensunterhalt zu bestreiten.
Bevor der Heini das dann übernahm, waren fünf Jungs zu Hause

arbeitslos, und die haben ja auch davon essen müssen. Und gewohnt haben die da auch.
Altersversorgung so wie heute gab es nicht. Durch die Inflation war alles weg, kein Pfennig war mehr da. Wie der Krieg zu Ende war, hat meine Mutter von der Fürsorge gelebt. 45 Mark im Monat. Und dafür hat sie dann ihr Leben lang geschuftet.

"Die Mädchen heiraten ja doch ..."

Die Mädchen brauchten nichts zu lernen. Die heiraten ja doch. Das war damals so die Einstellung. Aber mit 14 Jahren durften die dann schon in Stellung gehen, als Dienstmädchen. Drei von meinen Schwestern sind damals nach Holland gegangen. Die Holländer waren ja ganz erpicht auf deutsche Dienstmädchen.
Ich hätte auch gerne eine Lehre angefangen, bei Schätzlein hätte ich was gekriegt, aber da war ja nicht dran zu denken. Dann hab' ich bei meinem Bruder gearbeitet, als der das Geschäft übernommen hat. Hab' mich da so richtig verschleißen lassen als Dienstmädchen. Bis daß unsere Mutter dann gesagt hat, ne komm, das kommt nicht mehr in Frage. Da war ich so 17 Jahre alt.
Weil ich dann ja zu Hause alles so schrecklich fand, bin ich nach Münster gegangen und hab' da in einer Wirtschaft gearbeitet, wurde da aber genau so streng behandelt. Da durfte ich abends nicht rausgehen, oder ich mußte um 10 Uhr zu Hause sein an meinem freien Tag.
Aber ich hatte Heimweh, ich Idiot, das muß man sich mal vorstellen. Da in Münster, da hätte ich es wirklich gut gehabt. Die Leute waren zwar streng, aber auch sehr nett. Ich hätte da wirklich bleiben können. Nee, ich mußte nach Hause.
Dann bin ich wieder zurück, und unsere Mutter, das muß ich sagen, hatte sogar Verständnis für mich gehabt. Und dann hab' ich ja meinen Mann kennengelernt und hab' mit 20 geheiratet. Ich war ja froh, daß ich versorgt war. Ich hatte doch nichts, keinen Beruf und so, und der Krieg brach aus.
Sonst hätte ich ja in eine Munitionsfabrik gemußt. Nach Krupp zum Beispiel. Die Frauen wurden doch alle eingezogen. Da war ich auch nicht drum verlegen.
Eine Heiratserlaubnis mußten wir ja damals noch haben, vom Generalquartiermeister. Und ich mußte noch ein Gesundheitszeugnis

haben und ein polizeiliches Führungszeugnis. Die Erlaubnis haben wir nur gekriegt, weil ein Kind unterwegs war. Das haben wir extra so gemacht, damit wir überhaupt heiraten konnten. Mein Mann war ja Berufssoldat, und die durften erst mit 25 heiraten.

Und da konnten wir uns auch eine Wohnung nehmen. Und später bekam ich meine erste Neubauwohnung, da war unsere Tochter schon ein Jahr alt.

Was meinst du, wie selig ich war. Das war doch ein Erfolg, das war ein Aufstieg gegen unsere Wohnung früher. Da haben mich alle Schulkolleginnen drum beneidet.

Bei Hitler war man ja angesehen, wenn man ein Kind hatte. Da hatten wir eine Menge Vergünstigungen.

"Manche Talente sind brach liegengeblieben ..."

Die Ältesten durften gar nicht immer in die Schule, und vor allen Dingen durften die nicht immer Schularbeiten machen. Da war keine Zeit für da, die mußten auf den Laden aufpassen, Waren austragen und so. Und weiterführende Schulen, das gab's bei uns nicht, auch nicht bei den Jungen.

Unsere Mia, die war ganz intelligent und hatte ganz tolle Zeugnisse, aber es wäre doch nie erlaubt worden, daß die zur höheren Schule ging. Da wurde gar kein Gedöns drum gemacht.

Ich wollte auch noch zur höheren Schule gehen, und der Bernhard hatte auch gute Zeugnisse. Aber die haben ja eben nicht so Wert darauf gelegt wie heute, wo man ja als Eltern verpflichtet ist, den Kindern was zu bieten. Also, da sind manche Talente brach liegengeblieben, die wirklich was geleistet hätten.

Und dann kam nachher auch diese schwere Zeit, da war dann die Arbeitslosigkeit. Da hätten die das ja auch schon nicht mehr schaffen können. Früher mußte man Schulgeld zahlen, und die Bücher mußten auch bezahlt werden. Und da war schon nichts mehr da, wovon sie das hätten bezahlen sollen.

"Lehrjahre sind keine Herrenjahre ..."

Die Söhne kamen dann später in die Lehre. Und da mußte die Mutter jeden Monat Lehrgeld bezahlen. Und für die Kleidung und

Frostbeulen

Wenn draußen genügend Schnee liegt, sollte man mit den von Frostbeulen geplagten Füßen einige Zeit darin herumgehen und anschließend noch eine Weile in einem kalten Zimmer auf und ab spazieren. Plötzliche Wärme würde nämlich als unangenehm empfunden und schaden.

Zur weiteren Behandlung sind Heublumenbäder günstig. Dazu gibt man 1 bis 1 1/2 Kilogramm Heublumen in kaltes Wasser, stellt sie auf den Herd und kocht sie eine halbe Stunde lang. Der Absud kommt in ein warmes Vollbad.

Auch Eichenrindenbäder haben eine günstige Wirkung. Die getrocknete Rinde wird mit kaltem Wasser übergossen und muß einige Stunden stehen, bevor man sie zum Kochen bringt und ca. eine halbe Stunde lang sieden läßt. Dann die Flüssigkeit ins Badewasser. Vorsicht: Eichenrinde verfärbt sowohl die Wäsche als auch das Geschirr, in dem sie gekocht wird.

Auch zu Heilerdeaufschlägen - Heilerde mit etwas Wasser zu Brei verrühren, in ein Säckchen geben und auf die Frostbeulen legen - kann ich raten.

Günstig sind ferner alle Maßnahmen, die die Blutzirkulation anregen, also Bewegung an frischer Luft, das schon erwähnte Gehen im Schnee, aber auch kalte Abwaschungen des ganzen Körpers.

Schwester Bernardines Hausmittelbuch, 1982

auch noch etwas für die Verpflegung. Johann war in Münster in der Metzgerlehre, Joseph in Warendorf in der Bäckerlehre.

Man sagt ja, Lehrjahre sind keine Herrenjahre, aber die haben was mitgemacht. Die wurden ausgenutzt, es war grausam. Jugendschutz gab es doch nicht. Die mußten doch nachts schon arbeiten, dann nichts zu essen und arbeiten wie verrückt, und die Eltern mußten dafür bezahlen. Und als sie dann wieder zu Hause waren, ja da war die große Arbeitslosigkeit. Dann haben sie erst mal versucht, selbst was zu verkaufen.

Unser Johann wurde der "Bananenkönig". Der hat immer Bananen verkauft mit einer Handkarre. Der andere Bruder hat immer in der Stadt gestanden und Kokosnüsse verkauft. Das war alles vor dem zweiten Krieg. Das war praktisch so eine Art Nebenerwerb. So haben die sich durchgeschlagen.

"Sonst hätte ich ja ins Altersheim gemußt ..."

Zwölf Jahre habe ich meine Mutter dann bei mir gehabt. Das war auch nicht leicht. Mein Mann war ja in Gefangenschaft. Dann kam er wieder, und dann wohnte sie schon bei uns. Wir wohnten doch so eng, da hat sie in der Küche ein Bett gehabt. Das war alles nicht so einfach. Und das war ja auch nicht gerade für's Eheleben gut. Da kommt der Mann nach Hause, und du hast sofort die Mutter da. Da konntest du dich nicht aneinander gewöhnen. In der ersten Zeit gab es nur Zirkus.

Man war sich doch fremd. Im Krieg mußten wir ja unseren Mann stehen. Ich hab mich doch um alles gekümmert, um die Wohnung und so. Und wir mußten doch in den Bombenkeller, die Kinder beschützen. Wenn dann der Mann nach Hause kam, dann waren wir wieder nichts mehr. Da wurde nie mal ein Wort darüber verloren, was wir geleistet haben. Anerkennung war nicht. Wir waren wieder nichts und waren wieder dem Mann untertan. Das hat unsere Mutter ja auch alles miterleben müssen.

Sie fand es so schrecklich, daß sie bei uns wohnen mußte und wenig Geld hatte. Aber von den anderen Geschwistern war keines bereit, sie aufzunehmen. Wo hätte sie denn hingesollt mit 45 Mark Sozialhilfe im Monat?

Sie hat immer gesagt, guck, das siebzehnte mußte ich ja noch kriegen, sonst hätte ich ins Altersheim gemußt.

i-Männchen-Klasse (1920)

Franziska

Franziska, geboren 1883, verlebt eine verhältnismäßig umhegte Kindheit im Kreise von sechs Geschwistern. Sie ist 23 Jahre alt, als sie 1906 den 30jährigen Schmiedemeister und Geschäftsmann Heinrich ehelicht. 1907 wird das erste Kind geboren, 1923 kommt das zehnte und letzte Kind zur Welt. Franziska verstirbt 52jährig an den Folgen einer Thrombose.
Hedwig, das sechste Kind aus der Geschwisterreihe, heute 75 Jahre alt, pensionierte Sozialarbeiterin, erinnert sich:

"Da konnte man es schon mal wagen ..."

Meine Mutter war eine ausgesprochen hübsche Frau, eine große stattliche Frau, die sehr viele Chancen hatte als junges Mädchen. Sie hätte viele gute Partien machen können. Aber sie hatte sich in ihren Heinrich verliebt und wollte auch nicht von ihm lassen.
Dabei ist sie immer ein bißchen gewarnt worden. Mein Vater ging gerne aus; und er suchte die Geselligkeit in der Wirtschaft, an der Theke und im Verein.
Mein Vater war Grobschmied und Schlosser, Wagenschmied und hat dann noch eine Ausbildung zum Hufschmied gemacht, in Rostock. Als junger Geselle hat er auch seine Lehr- und Wanderjahre gemacht - und so ein langes Junggesellenleben prägt ja auch. 1906 haben die Eltern geheiratet. Da war damals hier im Ruhrgebiet der Aufschwung. Die Bergleute kamen, und da konnte man schon mal wagen, eine Existenz aufzubauen. Meine Mutter war 23, mein Vater 30 Jahre alt, als sie geheiratet haben.
Mein Vater kam aus verhältnismäßig armen Verhältnissen. Sein Vater war selbständiger Holzschuhmacher und ist sehr früh gestorben. Er hinterließ eine Frau und sechs Kinder. Und es gab früher nichts, keine offiziellen Unterstützungen - mit ihrer Hände Arbeit mußte die Großmutter ihre Familie durchkriegen.
Sie hatte wohl ein kleines Haus und etwas Grund, und darauf hatte sie Gemüse angebaut und mit den Früchten ihres Gartens die Familie ernährt. Aber ihre Söhne haben einen Handwerksberuf erlernt, einer hat später sogar studiert. Da haben die älteren Brüder bereits geholfen. Die Geschwister des Vaters hingen sehr aneinander.

Die Großmutter ist 93 Jahre alt geworden. Sie ist selten krank gewesen, nur der rechte Arm war ihr nach einer Blutvergiftung abgenommen worden. Trotzdem hat sie noch ihren Garten gegraben. Sie war bis ins hohe Alter geistig sehr aufgeschlossen und nahm am Schicksal ihrer 31 Enkelkinder regen Anteil. Sie war eine herbe, aber sehr aufrechte Frau.

"Eine Hochzeit damals war keine Belastung ..."

Meine Mutter hat vor ihrer Hochzeit in einem Cafe mit Konditorei gearbeitet. Dort hat sie auch den Haushalt und die Geschäftsführung gelernt, wie das früher so war.

Die Eltern haben damals eine ganz große Hochzeit gefeiert, eine sogenannte Gebehochzeit. Es waren über 300 Personen eingeladen, und jeder gab einen bestimmten Betrag anstelle eines Geschenks. So sind über 1000 Mark zusammengekommen, und davon haben sie dann die Hochzeit bezahlt.

Es blieb auch noch etwas übrig für Anschaffungen. Eine Hochzeit damals war keine Belastung, sondern für alle ein großes Fest, was gemeinsam gefeiert wurde. Die vielen Vettern und Cousinen waren dabei, Nachbarn und Freunde.

Und früher feierte man ja tüchtig, weil nicht viel anderes da war an gesellschaftlicher Ablenkung. Eine Musikkapelle war bestellt, es wurde getanzt, und es gab gutes Essen und Trinken. Und die Männer spielten ihren Skat. Sie haben sich dann ja immer schnell von den Frauen getrennt und konnten die ganze Nacht durch Skat kloppen. Und manchmal ging es dann am nächsten Tag noch weiter.

Mein Vater hatte seine Schmiede bereits ein paar Jahre vor der Hochzeit gehabt, dann wurde das Haus gebaut und ein Haushalts- und Eisenwarengeschäft eingerichtet.

Meine Mutter übernahm mit der Heirat das Geschäft. Sie war also praktisch vom Anfang ihrer Ehe neben dem Haushalt und den Kindern voll berufstätig.

Aber man darf die Geschäfte früherer Zeiten nicht mit denen von heute vergleichen. Dieses stete Kommen und Gehen gab es nicht, es ging alles wesentlich beschaulicher zu. Und wenn dann die Ladenschelle ging, dann wurde so ein Kleines auch mal auf dem Arm mit ins Geschäft genommen. Es war alles nicht so unpersönlich wie heute.

"Jedes Kind ist in Liebe empfangen und in Liebe angenommen worden ..."

Die zehn Kinder sind innerhalb von 16 1/2 Jahren geboren worden. Die Eltern haben im Januar 1906 geheiratet. Im Januar 1907 kam meine älteste Schwester zur Welt. 1909 kam das nächste Kind, dann 1910, 1911, 1913; 1914 bin ich geboren. Und dann kam der Krieg, da mußte mein Vater gleich bei der Mobilmachung einrücken. Als Sanitäter hatte er seinen Gestellungsbefehl schon in der Tasche. Da war ich sechs Wochen alt. Und Mutter stand da mit sechs kleinen Kindern, einer Schmiede, dem Gesellen, einigen Lehrjungen und dem Geschäft.

Im Krieg wurden noch zwei Kinder geboren. 1916 ein Junge und 1918 ein Mädchen. Es ist im vierten Kriegsjahr geboren und im vierten Jahr des zweiten Krieges gestorben. 1920 und 1923 wurden die zwei jüngsten Mädchen geboren.

Unsere Mutter hatte wohl das Glück, daß ihre Mutter nebenan wohnte. Sie hatte ein sehr gutes Verhältnis zu ihr. Wenn sie niederkam, war die Oma zur Stelle, betreute sie, kochte auch für sie und kümmerte sich um viele Dinge. Es gab noch dieses Eingebundensein in die Familie, und das hat meiner Mutter sehr geholfen.

Im April 1914 bekamen wir ein nettes Mädchen, eine Hausgehilfin. Sie war sieben Jahre bei uns. Wir nannten sie immer nur "unsere Maria". Wir waren bis zu ihrem Tod mit ihr verbunden. Sie wurde 82 Jahre alt.

Über Schwangerschaften und alles, was damit zusammenhing, ist mit uns Kindern nicht gesprochen worden. Das waren Tabu-Themen. Die Frauen hatten ja damals noch lange Kleider an und große Schürzen davor. Da hat man natürlich nicht gesehen, daß die Mutter ein Kind erwartete. Und dafür hatte man ja auch keinen Blick. Später, in meinen letzten Schuljahren, konnte ich mit Mutter schon mal über diese Dinge reden. Und da hat sie mir gesagt: Jedes Kind ist in Liebe empfangen worden, und ich habe es in Liebe angenommen. Das spürte man auch. Kinder waren keine Belastung für sie, sondern ein Geschenk Gottes.

Was die heutigen Frauen unter "Selbstverwirklichung" verstehen, war unseren Müttern kein Begriff. Sie haben sich auch selbst verwirklicht: in der Familie, auch in der großen Verwandtschaft, in ihren Kindern, in der Nachbarschaftshilfe. Und die Frauen damals erwarteten ja auch nicht viel anderes.

Vater

Mutter, du sollst kommen, der Vater, der ist da.
Ist er da, ha ha ha, sag, ich werd gleich kommen.

Mutter, du sollst kommen, der Vater, der will essen.
Will er essen, steht im Kessel, sag, ich werd gleich
kommen.

Mutter, du sollst kommen, der Vater, der ist krank.
Ist er krank, Gott sei Dank, sag, ich werd gleich kommen.

Mutter, du sollst kommen, der Vater, der ist tot.
Ist er tot, Gott sei Lob, sag, ich werd gleich kommen.

Mutter, du sollst kommen, der Vater ist im Himmel.
Ist er im Himmel, hat er 'nen Fimmel, sag, ich werd gleich
kommen.

Mündlich überliefertes Lied, das von den Kindern nach dem
ersten Weltkrieg auf der Straße gesungen wurde.

Kinder gebären, Kinder erziehen, Kinder heranwachsen sehen und sich dieser Aufgabe mit allen Kräften widmen, darin kann eine Frau auch ganz sie selbst sein. Unsere Mutter hätte genausogut auch Lehrerin werden oder einen anderen Beruf ausüben können. Aber das, was sie war, war sie ganz.

Und sie hat immer gesagt, hoffentlich muß ich nicht einmal ein Kind verlieren. Und so war das dann ja auch. Bei uns ist kein Kind früh gestorben. Das lag wohl auch daran, daß wir ein gesundes Erbe mitbekommen haben und daß Mutter ihre Kinder alle gestillt hat. Als meine Schwester starb und mein Bruder fiel, hat meine Mutter schon nicht mehr gelebt.

"Und darum sind wir alle ziemlich gesprächig ..."

Wir bewohnten ein großes Haus. Außer der Küche gab es auch ein Wohnzimmer, ein sogenanntes "bestes Zimmer" beziehungsweise Eßzimmer, vier Schlafräume, ein Badezimmer mit Gasbadeofen, das gleichzeitig Mangelzimmer und Abstellraum war, drei Toiletten außerhalb der Wohnung, also auf den Zwischenetagen, ein großes Treppenhaus, Flure, Keller und einen großen Trockenspeicher. Und den Ladenraum mit zwei großen Schaufenstern. Wieviel Arbeit war doch damit verbunden.

Die Küche war besonders geräumig. Zwei Tische standen dort. Vor dem einen Tisch war eine lange Bank mit Sprossen, und darauf saßen dann die Kleinen, und darauf haben sie auch laufen gelernt. Der Vater saß oben am Kopfende, die Mutter und die älteste Schwester saßen an der Seite und der große Bruder unten am Kopfende. Das mittlere Kroppzeug, zu dem ich auch gehörte, die saßen dann alle an dem sogenannten "Katzentisch".

Bei uns wurde gemeinsam und zu regelmäßigen Zeiten gegessen und am Tisch viel erzählt. Es hieß wohl, mit vollem Munde spricht man nicht, aber wenn wir mit dem Essen fertig waren, dann haben wir oft Stunden am Tisch gesessen und mit unserer Mutter gesprochen. Wir konnten so von allem erzählen, was uns auf der Seele lag.

Es war nie so, daß es hieß, jetzt sprechen Kinder nicht, auch wenn der Vater dabei war. Es war immer lebendig bei uns. Und es gab bei uns in der Familie mit den vielen Kindern wirklich gute Gespräche. Darum sind wir alle ziemlich gesprächig.

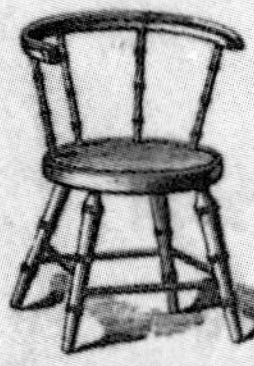
2007

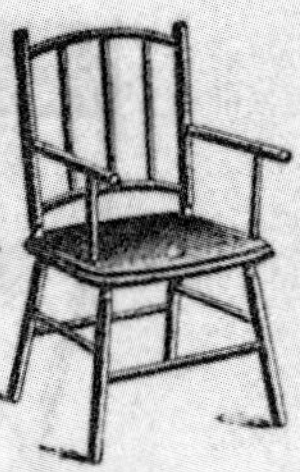
2008

2009

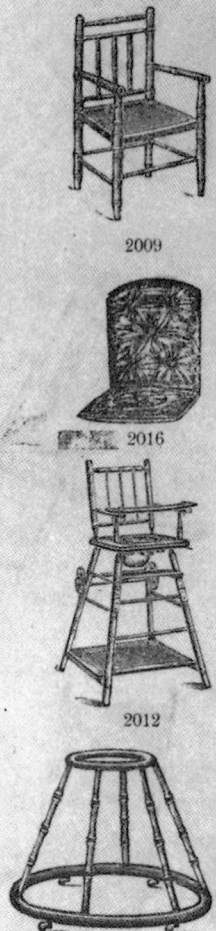

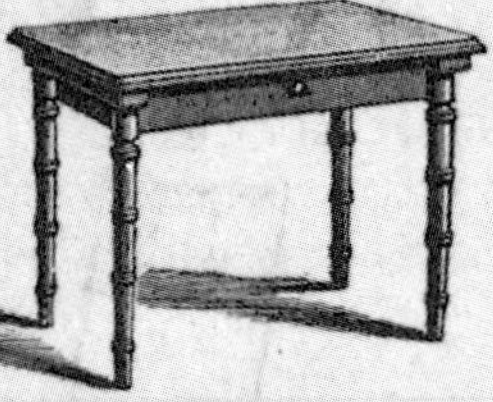
2011

2016

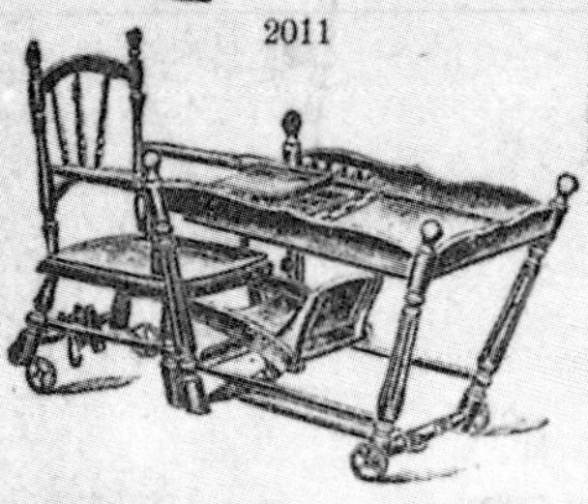
2013

2012

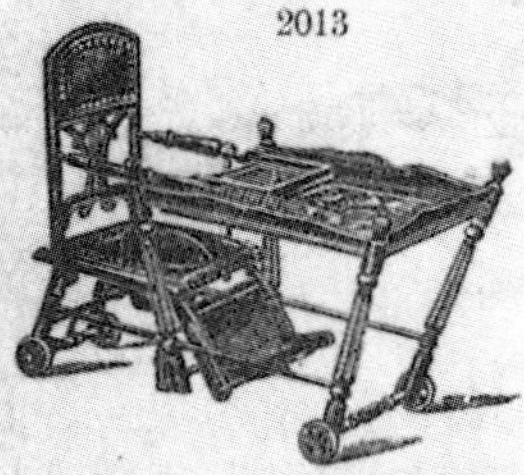
2014

2017

Kindermöbel aus Hartholz.

No. 2007 **Stuhl** aus Hartholz, natur lackiert, mit rundem Sitz und gebogener Lehne, Sitzhöhe 30 cm ℳ 2.25

No. 2008 **Stuhl** mit □-Sitz und Sprossenrücklehne, Sitzhöhe 30 cm ℳ 3.50

No. 2009 **Stuhl** mit □-Sitz modern gedreht, Sitzhöhe 30 cm ℳ 4.—

No. 2010 **Tisch** feststehend mit Schublade, Füsse sind oben ringsum mit Leisten verbunden, wodurch derselbe besondere Festigkeit erhält,

Platte 57×45 cm gross, Höhe 52 cm ℳ 6.50

No. 2011 Platte 70×50 cm gross, Höhe 52 cm ℳ 8.—

No. 2012 **Kinderstuhl** aus Hartholz, natur lackiert, als hoher Stuhl und umgeklappt als Fahrstuhl mit Tisch zu verwenden, mit □-Sitz, Sprossenrücklehne, Schutzbrett, verstellbarem Fussbrett, Spieltisch mit Bild und buntem Farbenspiel, Emailletopf-Einrichtung u. Gummirädern ℳ 10.—

No. 2013 **Kinderstuhl** aus Hartholz, modern gedreht fein lackiert, mit breitem Schutzbrett, verstellbarem Fussbrett, Spieltisch mit Bild und buntem Farbenspiel, Emailletopf-Einrichtung und Gummirädern ℳ 16.—

No. 2014 **Kinderstuhl** aus Hartholz, natur lack., hochmoderne Ausführung, breites Schutzbrett, mit Bild und Spielrollen, Sicherheitsverschlüsse, verstellbares Fussbrett, Emailletopf, Sitz und Rücken mit Ledertuch gepolstert, mit Gummirädern ℳ 22.—

No. 2015 **Sitzpolster** aus Ledertuch zu Kinderstuhl No. 2012 u. 2013 passend ℳ 1.75

No. 2016 **Sitz- und Rückenpolster** aus Ledertuch zu Kinderstuhl No. 2012 und 2013 passend ℳ 3.50

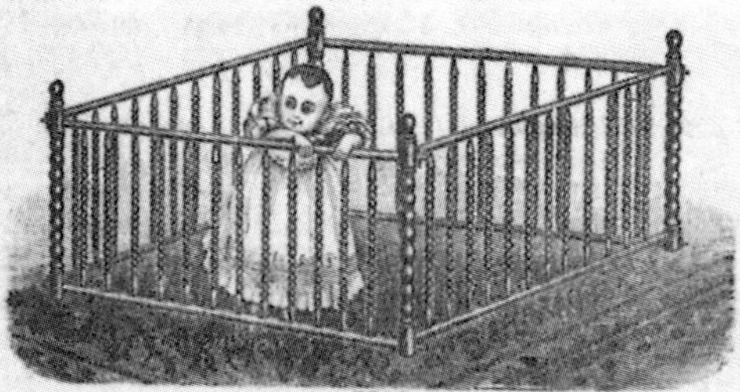
2018

No. 2017 **Laufstuhl** aus Hartholz, fein lackiert, mit Möbelrollen Höhe 43 cm ℳ 4.50

Kinderschutzgitter.

No. 2018 Feine Ausführung mit gedrehten Traillen fein lackiert, vollständig zerlegbar in 4 gleich grosse Teile, Seitenlänge 100 cm, Höhe 50 cm ℳ 15.—

Katalog (um 1908)

Heute ist der Fernsehapparat da, der wird sofort eingeschaltet. Das war zu unserer Zeit alles noch nicht. In meinen ersten Kinderjahren gab es ja auch noch kein Radio. Später haben die Brüder mal eins zusammengebastelt, aber das war ja auch kein besonderes Vergnügen, da zuzuhören.

Unsere Hauptfreude war eben dieses Gespräch miteinander. Und unsere Mutter interessierte sich für alles, was uns anging. Am liebsten hatte sie uns alle immer schön zu Hause.

Wir hatten auch viele Spiele: Halma, Mensch-ärgere-dich-nicht, Quartetts in allen Sorten, Karten- und andere Gesellschaftsspiele, auch Puppen und Puppenwagen. Aber daran war ich nicht so sehr interessiert. Natürlich wurde auch viel auf dem Hof gespielt.

Wir durften auch immer unsere Freunde mitbringen. Ich weiß noch aus meinen Kinderjahren, als unsere Mutter noch lebte, daß bei uns fast immer ein Kind mitgegessen hat. Sie sagte immer, wo zehn Kinder satt werden, da wird auch noch ein elftes satt. Und dann durften wir immer ein Kind aus der Schule mitbringen. Es war ja damals eine schlechte Zeit, und manche Familien hatten ja wirklich wenig zum Leben. Das letzte Kind, was wir hatten, war total ausgehungert, das hat sich erst mal so richtig durchgegessen bei uns.

Wir Mädchen hatten ein großes Schlafzimmer. Und bis zum Abitur habe ich mit meiner Schwester zusammen in einem Bett geschlafen, und in dem anderen Bett waren zwei andere Schwestern. Als wir kleiner waren, da war es ja schön. Aber hinterher nicht mehr. Wir hatten wohl jeder ein Kopfkissen, aber nur ein Oberbett zusammen. Und dann drehte sich der eine mal oder der andere, und da war das Oberbett bei dem oder bei dem.

Bis zum Abitur hatte ich im Vertiko ein Fach für meine Bücher, im Schlafzimmer ein Nachtkonsölchen und mit vieren einen Kleiderschrank; da war die ganze Habe drin. Es war wirklich wenig, aber wir waren glücklich dabei.

"In der Kirche holte sie sich die Kraft, die sie für den Tag brauchte ..."

Bei uns gab es einen geordneten Tagesablauf. Morgens früh mußten alle aufstehen. Lange schlafen gab es bei uns nicht, spätestens halb sieben waren alle aus den Betten raus. Um zehn vor sieben war

der Kaffeetisch gedeckt. Alle Kinder hatten am Tisch zu sitzen. Es
ging bei uns kein Kind aus dem Haus, was nicht gefrühstückt und
gebetet hatte.
Um fünf nach sieben schnappte sich unsere Mutter sämtliche Schul-
kinder und ging mit ihnen in die Kirche. Ich glaube, ich war von
der I-Klasse bis zum Abitur jeden Morgen in der Messe. Und für
Mutter war das eine ruhige, besinnliche Stunde, mit der sie den Tag
beginnen konnte. In der Kirche war sie für sich und betete für ihre
Familie. Hier holte sie sich die Kraft, die sie für den Tag brauchte.
Anschließend gingen wir zur Schule, und Mutter ging nach Hause.
Um acht wurde das Geschäft aufgemacht.
Nach dem gemeinsamen Mittagessen war wohl eine Pause, da legte
sie sich ein bißchen hin. Nachmittags ging sie dann schon mal zu
ihrer Mutter rüber. Da mußten wir Kinder auf das Geschäft aufpassen. Sie trank dann bei der Oma Kaffee, richtigen Bohnenkaffee,
nicht so einen Muckefuck wie bei uns. Das war dann ihre Entspan-
nung.
Freizeit gab es für sie wenig. Sie fand ihre Erfüllung in der Familie
und ihre Erholung beim Kirchgang, beim Gespräch am Familien-
tisch und mit befreundeten Frauen aus der Nachbarschaft und dem
Kollegenkreis ihres Mannes. Die Tanten oder andere Schmiedemei-
sterfrauen kamen ab und zu mal zu einem Nachmittagskaffee zusammen. Aber allzuoft fand das auch nicht statt.
Mutter war wohl oft krank und mußte dann einige Tage das Bett
hüten. Nur einmal in ihrem Leben war sie zwei Wochen in Urlaub.
Ja, und in der Familie wurde natürlich auch viel gefeiert. Taufen
wurden gefeiert und bei jedem Kind die Erstkommunion; Vaters
und Mutters Namenstag waren große Feste, die mit dem ganzen
Familienkreis gefeiert wurden. Und natürlich die Feste des Kirchen-
jahres, die besonders festlich begangen wurden.
Es war immer was los - aber das war ja auch mit viel Arbeit verbunden, für die Frauen natürlich. Es war nicht selten, daß 40 bis
50 Personen zusammenkamen. Ich weiß noch, wie Mutter einmal
130 Berliner Ballen gebacken hat.
Sie war eine gute Organisatorin und hatte die Vorbereitung für die
Feste gut durchdacht. Der Braten konnte schon einen Tag vorher
vorbereitet werden und mußte dann nur noch warm gemacht
werden. Die Suppe konnte auch vorgekocht werden.
Oft gab es selbstgemachtes Apfel- oder Pflaumenkompott; damals
wurde ja noch sehr viel eingemacht.

Meine Mutter konnte sogar noch selbst wursten. Wenn bei der Großmutter ein Schwein geschlachtet wurde, dann stand meine Mutter
den ganzen Tag in der Küche und machte Wurst und Panhas.

"Und diese Schläge, die habe ich mein Leben lang gespürt ..."

Mutter hat sich um jedes einzelne Kind Sorgen gemacht, und zwar
sehr. Sie hatte nicht eher Ruhe, bis alle Kinder zu Hause und im
Bett waren. Selbst die großen Brüder meldeten sich bei ihr, wenn
sie spät nach Hause kamen.
Unsere Mutter, die regierte uns mit den Augen. Und was Mutter
sagte, das wurde getan. Und was Maria, unser Mädchen, sagte,
mußte auch getan werden. Wir hätten nicht aufmüpfen dürfen bei
ihr. Wir mußten ihr gehorchen. Aber sie war eine Seele von Mensch
und hat uns viel Liebe geschenkt. Und wenn unsere Mutter uns
strafte - Mutter war manchmal sehr streng, mußte sie auch sein -
dann mußten wir auch schon mal ohne Essen ins Bett, wenn wir
ungezogen waren. Und dann ging Maria heimlich hin und brachte
uns noch ein Butterbrot ans Bett.
Aber ich kenne das nicht wie aus manchen anderen Familien, daß
mit dem Stock gestraft wurde. Es war eine spontane Strafe, die man
kriegte, und die hat uns allen nicht geschadet. Wir sind alle sehr
freie, aufgeschlossene Menschen geworden, und sonst könnte man
nicht so sein. Vater überließ die Erziehung und auch das Strafen
meiner Mutter.
Ich erinnere mich, ich war vielleicht so vier, fünf Jahre, es war kurz
nach dem Krieg, und es gab auch noch nicht viel Süßes. Wir hatten
alle Spardosen, und darin mußte jeder Pfennig gespart werden. Und
ich, ich war da schon ganz raffiniert, ich habe mir mit einem Messer
Geld aus der Spardose rausgeholt. Und mit dem Geld bin ich in
die nächste Bäckerei gegangen und habe mir Bonbons gekauft.
Dann traf ich eine Nachbarstochter. Ein schlechtes Gewissen hatte
ich ja, und das mußte ich jemandem mitteilen. Da habe ich Nach-
bars Gertrud gesagt, was ich getan habe. Und damit sie nieman-
dem etwas erzählt, habe ich ihr auch Bonbons abgegeben. Und die
hat das natürlich meiner älteren Schwester erzählt. Und meine
Schwester rannte natürlich sofort nach Hause und hat Mutter "das
Verbrechen" erzählt.

Wallfahrt nach Kevelaer (um 1920)

Trauerzug (um 1930)

Ich sehe mich noch heute als Kind da ankommen. Mutter stand im Portal - wir hatten ein großes Ladenportal - in ihrer ganzen majestätischen Größe. Ich wußte ja, daß das ein Kapitalverbrechen war und daß da Strafe darauf folgte. Und da habe ich Schläge gekriegt; diese Schläge, die habe ich mein Leben lang gespürt. Ich habe mir nie mehr Süßigkeiten gekauft. Die erste Tafel Schokolade habe ich mir gekauft, kurz bevor der zweite Weltkrieg ausbrach, das war 1939. Dabei hatte ich fast noch ein schlechtes Gewissen.

"Wir mußten einkaufen, wo wir Kunden hatten ..."

In einem Geschäftshaushalt, da kann man nicht sagen, ich kaufe im nächsten Geschäft. Wir mußten einkaufen, wo wir Kunden hatten. Alles wurde überlegt und aufgeteilt.

Es war ja früher auch so, daß der Haushalt eine ganz andere Vorratswirtschaft erforderte, besonders ein so großer Haushalt. Je älter ich wurde, desto mehr mußte ich auch mithelfen. Die Mutter brauchte von ihren Kindern jede Hilfe. Wenn ich aus der Schule kam, mußten wir erstmal die Küche aufräumen. Und wir hatten ja eine große Küche mit zwei Tischen und zwei Kühlschränken, einem kombinierten Herd mit zwei großen Feuerstellen und vier Gasfeuerstellen. Und das Eßgeschirr von zwölf Personen war da. Das mußte alles gespült und saubergemacht werden, das mußte alles blitzblank sein.

Und wie ich dann nach getaner Küchenarbeit anfangen wollte zu lernen, da kam die Mutter und sagte, Kind, du mußt mal Sachen wegbringen, oder ich mußte mit Rechnungen los, oder ich mußte einkaufen gehen. Und die Schulsachen, die blieben dann liegen. Wenn wir abends bei Tisch saßen und erzählten, dann wollte man ja auch nicht weggehen. Und dann passierte es oft, daß ich am nächsten Morgen dachte, Mensch hast ja wieder nichts gelernt für die Schule. Dann habe ich mich von einer Stunde zur anderen durchgemogelt. Dafür habe ich aber im Unterricht gut aufgepaßt. Das war auch eine Notwendigkeit. Nachhilfestunden gab es nicht. Nein, wenn ich nicht mitgekommen wäre, hätte ich sofort von der Schule gemußt, das war überhaupt keine Frage.

Bei dem großen Haushalt blieb nicht viel Zeit zum Lernen. Es wurde auch kein Theater darum gemacht. Man durfte zur Schule gehen und mußte dann sehen, wie man fertig wurde.

"Ihr könnt spielen, was ihr wollt, aber ich will euch sehen ..."

Unser Hof, das war der Treffpunkt für alle Kinder aus der Nachbarschaft. Und es gab sehr viele Kinder. Die einen Nachbarn hatten sieben. Der Mann war ein tüchtiger Schneidermeister und hatte noch ein Tuchgeschäft dabei. Und seine Frau war auch Schneidermeisterin, sie hatte auch Lehrlinge ausgebildet. Neben uns wohnte noch ein Schuhmachermeister, der hatte zehn Kinder wie wir. Und ein anderer Nachbar hatte ein Geschäft für Mehl und Getreide, und seine Frau war Modistin. Da waren sieben Kinder. Das war ein Gewimmele. Und dann sammelte sich alles bei uns, und wir durften auf dem Hof spielen. Da wurde Fußball und Handball gespielt, Völkerball und Klippgenhauen - mit einer Zaunlatte ging das am besten - und Verstecken, Kreisspiele, Sandspiele, Ballspiele und Radfahren.

Unsere Mutter sagte immer, ihr könnt spielen, was ihr wollt, aber ich will euch sehen. Das war ihr wichtig. Und als ich nachher mein erstes Praktikum machte beim Jugendamt, da ist mir erst einmal aufgegangen, wie wichtig das ist, wenn eine Mutter sagt, ich will sehen, wo mein Kind spielt. Du lieber Gott, wenn manche Mütter so wüßten, was ihre Kinder manchmal treiben.

In unserem Viertel wohnten meist Geschäftsleute und Handwerker, und ihre Kinder spielten miteinander. Die Akademikerkinder, die spielten nicht mit uns. Ganz früher, da gab es noch eine Töchterschule, und wenn die dann hier vorbeikamen und wir gerade draußen spielten, haben wir gerufen: Da kommen die Töchterkes, die Töchterkes. Oder: Töchterlappen, dicke Backen, dünne Beine, das sind Schweine. Aber das hätte unsere Mutter natürlich nicht hören dürfen.

Früher hatten Mädchen lange Haare, häufig mit Schleifen drin, und sie trugen nur Kleider und Schürzen. Ich persönlich habe sehr darunter gelitten. Zwei meiner Brüder waren nur etwas älter als ich, einer zwei Jahre jünger, während die Schwestern vier Jahre älter beziehungsweise vier Jahre jünger waren als ich. Die beiden waren nicht interessant als Spielkameraden.

Aber diese drei Brüder, mit denen konnte ich rumtoben. Und durch die Schmiede hatten wir die Wagen auf dem Hof stehen und Reifen da liegen. Dadurch konnten wir Hindernis laufen, Versteck spielen und klettern nach Herzenslust. Dann kamen wir abends rein, und ich hatte die Schleife verloren, einen Riß in der Schürze, Flecken im Kleid. Da kriegte ich ein paar hinter die Ohren, weil ich wieder so wild gewesen war. Bei den Jungen war das anders. Die hatten die Haare kahlgeschoren, manchmal mit Treppen drin. Und dicke Sweater hatten die an, und Manchesterhosen, da konnte ja nicht viel passieren. Ich habe später die Kinder, besonders die Mädchen, immer beneidet: Sie haben kurze Haare, wir damals noch lange Haare und Zöpfe; sie dürfen heute Hosen anziehen, wir damals nicht. Man hat damals schon seine Sorgen gehabt als Kind.

"Einem Sohn vertraute man keinen Haushalt an ..."

Die beiden ältesten Schwestern mußten doch zu Hause ganz schön ran. Meine älteste Schwester mußte mit 13 1/2 Jahren von der Volksschule abgehen, obwohl sie hochbegabt war. Meine zwei älteren Brüder gingen zum Gymnasium.
Aber es gab einfach keinen anderen Weg. Unser Hausmädchen ging weg. Nach dem Krieg, so zwischen 1920 und 1921, gingen viele Mädchen nach Holland hin und verdienten sich dort ihre Aussteuer. Unsere Eltern konnten nach dem verlorenen Krieg das Hauspersonal nicht so gut bezahlen wie die holländischen Familien. Die Holländer hatten damals noch Kolonien, viele waren sehr reich. Da waren die deutschen Mädchen sehr begehrt. Sie konnten selbständig den Haushalt führen und verdienten schönes Geld.
Unsere Maria hatte bei uns vollen Familienanschluß, gehörte ganz zu uns, und wir mochten sie auch alle sehr. Aber sie ging auch nach Holland, um dort mehr Geld zu verdienen. Sie wollte bald heiraten und mußte natürlich zusehen, daß sie ihre Aussteuer zusammenbekam.
Wir mit unseren vielen Kindern bekamen damals keine Hausgehilfin mehr. Und so mußte die älteste Tochter im Haushalt helfen und auf ihren sehnlichsten Wunsch, zur höheren Schule zu gehen oder einen Beruf zu erlernen, verzichten. Zum Ausgleich durfte sie dann später eine Ausbildung in einem guten Haushaltspensionat machen. Dafür hat unsere Mutter gesorgt.
Die Söhne mußten zwar auch helfen, zum Beispiel den Hof kehren, Kellerfensterlöcher reinigen, geschäftliche Besorgungen mit dem Fahrrad erledigen, Waren austragen und manches mehr. Aber einem Sohn vertraute man doch keinen Haushalt an.

Gattin

Die Männer haben vielleicht nicht weniger als die Frauen ihre Eigenheiten, die sogar oftmals kleinlich hervortreten. Die vernünftige Gattin versucht nicht nur alles zu vermeiden, wodurch sie Anstoß geben könnte, sondern sie weiß auch ihren Mann zu nehmen, gleichwie es wünschenswert ist, daß derselbe die Frau verstehe. Sie beurteilt ihn nicht nach Einzelheiten oder nach einer sie vielleicht nicht ansprechenden Eigentümlichkeit und wirft nicht bei einem daraus hervorgehenden üblen Eindruck die Eigenschaften eines vielleicht wahren Charakters mit über Bord. Auch weiß sie die schwachen Seiten ihres Mannes zu schonen und ist weit davon entfernt, sie bemerkbar zu machen.

Hätte derselbe aber Fehler, welche von verderblichem Einfluß auf das Familienleben sein könnten, so hält die gewissenhafte Gattin es für ihre heilige Pflicht, so viel sie es durch höheren Beistand mit sanftem Ernst vermag, unermüdlich auf den Mann einzuwirken, wissend, daß sie einst auch darüber wird zur Rechenschaft gezogen werden. Doch trete sie hierbei niemals aus den Schranken der Weiblichkeit.Ein derartiges Einwirken wird jedoch die größte Vorsicht erfordern. Nichts möchte vielleicht mehr den Zweck verfehlen, als jene reizbar stichelnde Weise, die nur Erbitterung zur Folge hat.

Das Wort der Gattin sei ruhig und würdig. Darum suche sie bei jedem Gespräch mit ihm vorher ihr Gemüt zu beruhigen und benutze ebenso eine ruhige Stimmung des Mannes, wobei es vom größten Wert sein würde, sich eindringlich, aber nicht zu weitschweifig auszusprechen.

Bei einem aufgeregten Zustand des Mannes ist im Allgemeinen zu raten, alle Worte zu sparen. Ein zur rechten Stunde gesprochenes besonnenes und verständiges Wort läßt am ersten einen guten Erfolg hoffen.

Wie schon früher bemerkt, suche die Frau des Mannes Vertrauen als den größten Schatz zu gewinnen und zu bewahren. Wenn sie aber in einzelnen Fällen solches nicht zu erreichen vermöchte, dann glaube sie nicht, mit gleicher Münze zahlen zu dürfen, bleibe vielmehr gegen ihren Mann stets offen und wahr.

Henriette Davidis, Die Hausfrau, 1876

Den Frauen überließ man die Kinder, den großen Haushalt, die Sorge um die Erziehung, die Schule und alles, was damit zusammenhing. Und das war nicht bei uns alleine so. Alle in unserer Nachbarschaft hatten ungefähr zur gleichen Zeit gebaut, so zwischen 1900 und 1910, und alle hatten viele Kinder. Die Frauen waren alle berufstätig, entweder im gemeinsamen Geschäft oder in der eigenen Werkstatt. Und alle kannten sich untereinander, alle Haustüren standen offen, und es wurde geholfen, wo immer es nötig war. Die Männer hatten ihr Handwerk und ihren Feierabend. Sonntags gingen sie zu ihrem Frühschoppen und abends in die Gaststätte.

Es war schon ein opfervolles Leben für die Frauen. Aber meine Mutter hat sich nie beklagt. Sie hat wohl schon mal gesagt, so viele Kinder wünsche ich euch nicht später. Doch bei allen Sorgen, die da waren, hat sie alles versucht, uns auch immer wieder schöne Feste und schöne Stunden zu bereiten.

"Es wurde von Monat zu Monat gelebt in der Zeit ..."

Man kann ja die frühere Zeit gar nicht mit der unseren vergleichen. Nach dem ersten Weltkrieg mußten die Eltern wieder ganz neu anfangen mit der Schmiede und dem Geschäft. Nach der Inflation und der Geldentwertung war noch mal ein Neuanfang nötig, und nach dem Börsenkrach 1929 folgte die große Arbeitslosigkeit. Und von da ab wurde es für unser Geschäftsleben auch sehr schwer. Es war nur wenig Geld da. Davon mußten die notwendigen Lebensmittel gekauft werden. Aber Eisenwaren, Haushaltswaren, das kauften die Leute nicht, daran wurde gespart. Nur in der Schmiede gab es noch einiges zu verdienen, besonders an Reparaturen.

Und Rücklagen, wo sollten wir die denn herhaben? Durch die Inflation war ja alles weg. Und dann bei zehn Kindern. Es wurde von Monat zu Monat gelebt in dieser Zeit. Trotzdem hat unsere Mutter es allen Kindern ermöglicht, eine gute Ausbildung zu machen. Das war ihr sehr wichtig.

Die Bergleute, die standen hier Schlange vor dem Arbeitsamt. Ich weiß noch, wie sie durch die Straßen liefen. Sie riefen: Was haben die Arbeitslosen? Hunger, Hunger, Hunger! Sie sammelten sich auf dem Platz vor unserem Haus, und dann kam die berittene Polizei und zerschlug die Versammlung.

"Wie bringt eine Frau das nur fertig ..."

Ich möchte sagen, daß meine Eltern sich sehr gerne gehabt haben. Sie haben ihre Gefühle vor uns Kindern zwar nie so gezeigt - da gab's keinen Kuß, keine Umarmung -, aber trotzdem haben wir diese Liebe und auch die Verantwortung für uns gespürt.
Mein Vater war in der Gesellschaft ungemein beliebt. Er konnte gut erzählen, gut singen, war sehr gesellig. Er war auch politisch interessiert, hatte Geschichtskenntnisse und war ein guter Rechner. Sonst hätte er ja in jungen Jahren nicht eine Schmiede und ein Haus bauen können. Er war ein hochintelligenter Mensch, aber unabhängig davon war er auch ein sehr freiheitsliebender Mensch.
Er ging gerne mal in die Wirtschaft. Als Selbständiger konnte er zu seinem Arbeitsplatz gehen, wann er wollte, und das war eine sehr große Versuchung. Und meine Mutter hat das mit Liebe, aber auch mit großer Sorge getragen. Was ich besonders an ihr bewundert habe: Wir durften als Kinder nie ein böses Wort, ein Urteil über ihn sagen.
Da habe ich mich manchmal, schon als Kind, gefragt, wie bringt eine Frau das nur fertig? Mutter hatte immer dem Vater seine Stellung in der Familie gelassen. Daran durfte nicht gerüttelt werden. Und ich glaube, das war richtig, obwohl es sicher oft ungeheuer schwer war. Dadurch ist die Familie in sich heil und gesund geblieben. Wir haben in der Ehe der Eltern selten ein hartes Wort gehört. Man muß sich mal vorstellen, was diese Frau geleistet hat. Zehn Kinder zur Welt bringen, zehn Kinder stillen, zehn Kinder großziehen, für ein intaktes Familienleben sorgen, den ganzen Tag im Geschäft stehen, dann die ganze Vorratswirtschaft für eine Großfamilie erledigen.

"Du mußt deine Entscheidungen jetzt für dich alleine treffen ..."

Unsere Mutter hatte sicher mehr Krankheiten, als wir so sehen konnten. Im Krankenhaus ist sie nicht viel gewesen, wir waren als Selbständige ja alle nicht krankenversichert. Aber sie hat doch immer mal wieder liegen müssen. Zum Glück hatten wir einen guten Arzt, einen Sanitätsrat. Das war ein richtiger Hausarzt. Er kam bei Nacht und Nebel, wenn es sein mußte.

Damals gab es hier noch diese netten Schwestern von der christlichen Hilfe. Das war eine kleine Ordensgemeinschaft mit vier oder fünf Schwestern. Diese Schwestern wurden von den Bürgern unterhalten. Was die zum Beispiel für den Haushalt brauchten, kam aus unserem Geschäft. Mein Vetter, der Schneider war, hat ihre Kleidung geflickt und aufgebügelt. Diese Schwestern haben unsere Kranken in den Familien bestens gepflegt. Sie haben auch meine Mutter versorgt, als sie dann so schwer krank wurde.
Ich hatte gerade das Abitur und den Arbeitsdienst hinter mir, als Mutter eine Thrombose bekam und monatelang liegen mußte. Und ich überlegte, was ich nun tun sollte.- Vorher hat sie immer gesagt, wenn ich gesund bleibe, dann kannst du studieren. Und nun fragte ich: Mutter, was soll ich nun tun? Und dann sagte sie zu mir: Kind, ich kann nicht mehr für dich denken, du mußt deine Entscheidungen jetzt für dich alleine treffen. Und seit der Zeit bin ich erwachsen.

"Mutter war die einzige Frau für ihn ..."

Die Mutter starb 1935 - ich war 20 Jahre alt - mit 52 Jahren. Unsere Jüngste war gerade erst zwölf. Es ist schwer, wenn man die Mutter in dem Alter verliert.
Sie starb an einem Sonntagmorgen. Sie wurde umgebettet, und dabei hat sich wohl eine Lungenembolie gebildet. Wir waren mit mehreren Geschwistern in der Kirche, auch der Vater. Und genau in dieser Stunde starb sie. Das war irgendwie so versöhnlich. Die Nachbarn - das war früher so üblich in unserem Viertel - übernahmen alle Besorgungen, die bei einem Sterbefall nötig sind und heute vom Beerdigungsinstitut gemacht werden. Mutter war zu Hause in ihrem Schlafzimmer aufgebahrt. Drei Tage lang. Jeden Abend wurde der Rosenkranz in der Wohnung gebetet. Die Tote gehörte noch ganz zu uns.
Meine Mutter hatte eine große Beerdigung. Die Nachbarn waren die Totenträger. Es war eine Ehrensache, das ließen sie sich nicht nehmen. Ein langer Trauerzug zog durch die Stadt. Der Pastor und die Meßdiener gingen vorneweg, dann kam der Totenwagen mit den Pferden.
Mein Vater hat nie wieder geheiratet. Er brauchte keine andere Frau. Mutter war die einzige Frau für ihn.

Einmachregeln

Vorab wird beim Einmachen von Pflaumen und Zwetschen auf ein sorgfältiges Abreiben aufmerksam gemacht, weil solches mit dem Erhalten in genauer Verbindung steht. Zu dem Zweck lege man ein reines Tuch auf den Tisch, fasse die Früchte der Länge nach an und reibe sie strichweise ringsumher ab, wodurch diese Arbeit, welche sehr oft in die Länge gezogen wird, gut und rasch vonstatten geht.

Um die Früchte gut zu erhalten, darf man dieselben in keinem Topfe kochen, in welchem etwas Fettiges gewesen ist. Auch sorge man für guten Essig.

Während des Einkochens der Früchte oder des Fruchtsaftes darf auf dem Herde nichts Fettiges noch sonst etwas gekocht werden, was Dunst und Geruch hervorbringt, wie es besonders beim Abkochen aller Gemüse der Fall ist.

Das Feuer muß vorher gehörig besorgt werden, und ist es ein Kohlenfeuer, so darf nicht von oben darin gestöckert werden, weil der dadurch entstehende Qualm nachteilig einwirkt.

Nach dem Einkochen der Früchte ist es zum Erhalten eine Hauptbedingung, sofort ein reines Tuch darüber zu decken, damit nicht Fliegen oder Mücken hineinfallen und Gärung bewirken.

Nach dem Erkalten aber darf das Zubinden der Töpfe und Gläser nicht hinausgeschoben werden, indem durch Offenstehen derselben, und wäre es nur ein, zwei Tage, der Grund zum Verderben gelegt ist.

Alle eingemachten Früchte müssen völlig mit Saft und Brühe bedeckt sein. Diejenigen Früchte, die mit Zucker in kurzer sämiger Brühe eingemacht sind, werden mit einem darauf passenden Stückchen Papier, das mit Weinbrand stark angefeuchtet ist, belegt und die Gläser zugebunden.

Einmachregeln

Früchte, welche mit Essig eingemacht sind, wie Gurken, Zwetschen, Kirschen, bedecke man mit einer passenden Schieferscheibe und lege einen kleinen sauberen Stein darauf, der aber nur so schwer sein darf, daß er das Eingemachte unter Flüssigkeit hält, nicht aber starken Druck hervorbringt.
Die letztgenannten Früchte können ohne Nachteil mit neuem, doppelt gelegten Papier zugebunden werden. Es gehört mit zur Akkuratesse einer jungen Hausfrau und macht sich hübsch und freundlich, wenn beim Zubinden der Töpfe oder Gläser ein gleichmäßiges Streifchen weißes Papier in der Mitte übergelegt, festgeklebt, und darauf der Inhalt, Monat und die Jahreszahl bemerkt wird.

Sind nun die eingemachten Früchte, wie bemerkt worden, behandelt, so sorge man dafür, daß sie an einen möglichst kühlen, recht luftigen Ort gestellt werden. Der Keller eignet sich der Feuchtigkeit wegen ganz und gar nicht dazu, am wenigsten im Winter. Vorzüglich aber ist der Platz auf einem Schranke, welcher in einem kalten, luftigen, frostfreien Raume steht. In heißer Jahreszeit ist man jedoch auf den Keller angewiesen.

Wird nun endlich noch beachtet, daß beim Öffnen der Töpfe oder Gläser kein Hauch darüber hingeht, daß das Eingemachte mit einem reinen silbernen oder einem einzigen zu diesem Zwecke dienenden kleinen hölzernen Löffel herausgenommen, glatt gestrichen und die Gefäße gleich wieder zugebunden, auch keine übriggebliebenen Reste hinzugegeben werden, und zuweilen das Anfeuchten des Papiers mit starkem Branntwein wiederholt wird, so kann man sicher sein, daß die Früchte sich sehr gut erhalten.
Henriette Davidis, Mutters praktisches Kochbuch, 1844

Vater mit Sohn im Sonntagsstaat (um 1900)

Marianne

Marianne wird 1871 in Oberschlesien geboren. Sie heiratet, nicht ganz 20jährig, den vier Jahre älteren Bergmann Joseph. Das erste Kind wird ein Jahr nach der Hochzeit geboren, das elfte und letzte Kind bekommt sie mit 43 Jahren. Marianne stirbt mit 84 Jahren an den Folgen eines Schlaganfalls.
Anna, das achte Kind, heute 83 Jahre alt, Hausfrau und Mutter eines Sohnes, und Agnes, das zehnte Kind, 79 Jahre alt, ebenfalls Hausfrau und Mutter eines Sohnes, erinnern sich:

"Liebe war ja auch dabei ..."

Unsere Eltern haben sich schon als Kinder in Schlesien kennengelernt. Unser Vater war ein uneheliches Kind. Seine Mutter mußte während der Woche als Dienstmagd arbeiten gehen und konnte sich nur am Wochenende um ihn kümmern. Und so kam er in das Nachbarhaus unserer Mutter in Pflege. Man kann also sagen, daß sie "Nachbarskinder" waren.

Unsere Mutter wurde schon als kleines Kind Halbwaise. Als sie sieben Jahre alt war, hat ihre Mutter wieder geheiratet. Das war noch in Schlesien.

Kurz danach sind sie nach Westfalen gezogen. Hier waren der Bergbau und schon viele andere aus Schlesien.

Unser Vater kam dann später auch hierher. Unsere Oma hat ihn dann hier aufgenommen. Er war so arm und verlassen, und unsere Mutter hatte soviel Mitleid mit ihm gehabt, daß sie ihn geheiratet hat. Aber Liebe war ja auch dabei, nehme ich jedenfalls an.

Unsere Mutter war noch keine 20, als sie geheiratet hat, unser Vater war 24. Und da haben sie einen eigenen Hausstand gegründet.

Bis zur Heirat hat unsere Mutter als Hausmagd gearbeitet, schwer gearbeitet. Aber als sie geheiratet hat, hat sie aufgehört. Da war Schluß. So war das früher. Der Vater war ja auf der Zeche und hat nicht schlecht dort verdient.

Die Eltern fanden sich hier gut zurecht. Manche aus Schlesien konnten ja nicht richtig deutsch, aber bei uns wurde kein Polnisch mehr gesprochen, denn unsere Mutter ist ja hier auch zur Schule gegangen.

Mit 20 hat sie geheiratet, mit 21 kam das erste Kind, ist doch klar. Dann kam ungefähr alle zwei Jahre ein Kind. Das letzte bekam sie mit 43. Vorher lagen einmal vier Jahre dazwischen. Da ging es eine Zeit gut, und die dachten vielleicht, es kommt keines mehr. Die hatten doch kein Mittel. Da kamen die Kinder so, wie sie kommen sollten.

Und der Pastor hat immer gepredigt: "Ein Baum, der keine guten Früchte trägt, wird ausgehauen und ins Feuer geworfen." Das hieß soviel, die sollen sich Kinder anschaffen.

Damit haben sie die Leute bange gemacht, daß das Sünde ist. Also: Kinder müssen kommen. Es ist Sünde, wenn du verhütest. Aber drum gekümmert hat sich die Kirche nicht, wenn dann die vielen Kinder da waren.

Unsere Mutter hat sich oft gewundert, daß die reichen Leute nicht so viele Kinder hatten. Sie hat das gar nicht verstehen können. Vielleicht waren die schon ein bißchen schlauer. Aber sie hat das nicht als Martyrium aufgenommen. Das mußte so sein - und fertig. Das kam, weil sie so gesund war. Sie schaffte das. Und schnell hat sie alles gemacht, im Haushalt und so. Sie war unheimlich stark und kräftig.

"Da ging man nicht für ins Krankenhaus ..."

Die Kinder kamen alle zu Hause zur Welt. Zur Geburt wurde die Hebamme geholt, und die kam dann auch noch eine Zeit nach der Geburt. Mußte aber alles selbst bezahlt werden. Zum Arzt ist unsere Mutter kein einziges Mal gegangen, während der ganzen Schwangerschaften nicht. Das ging alles immer gut.

Und wenn das Kind da war, dann ist sie sofort am nächsten Tag wieder aufgestanden und hat auf dem Brett die Windeln gewaschen.

Für eine Geburt, da ging man nicht ins Krankenhaus, und ausruhen konnten sich die Frauen früher auch nicht. Sie hat sofort wieder die ganze Arbeit gemacht und nie eine Hilfe gehabt. Hinterher mußten die größeren Kinder schon mal mithelfen.

Wir hatten eine Wiege, die stand neben dem Elternbett, und da war ja auch fast immer einer drin. Und am Tage, da mußten die größeren Kinder manchmal wiegen, wenn das Baby schrie. Aber die Jungs machten Reißaus, die gingen einfach türmen.

Als die Kinder kleiner waren, da hat sie die natürlich verwahrt. Aber auch unser Vater. Der hat sie viel auf dem Arm rumgetragen.
Es waren ja nicht elf Kinder auf einmal da. Ich war ein halbes Jahr alt, als meine älteste Schwester geheiratet hat, und als die ihr erstes Kind bekam, da war ich ja auch noch keine zwei Jahre alt. Und unser Johann, der ist ja sogar drei Jahre jünger als seine Nichte. Da war unsere Mutter 43 Jahre alt, als der kam.

"In der Küche spielte sich damals das ganze Leben ab ..."

Wir hatten insgesamt vier Räume: drei Schlafzimmer und eine Küche. Die Toilette war im Stall, ein Plumsklosett war das, so mit vier Holzbrettern. Und da mußten wir hin, als kleine Kinder noch nicht, aber später dann, auch nachts, Sommer wie Winter.
Wir Großen haben oben zu dritt in einem Bett geschlafen und die Kleinen bei den Eltern. Matratzen kannten wir nicht, wir haben auf Strohsäcken gelegen.
Ab und an wurden die wieder frisch mit Stroh gefüllt. Das alte bekamen dann die Schweine im Stall. Das war immer eine unheimlich dreckige Arbeit. Der ganze Staub sammelte sich ja in den Zimmern und unter dem Bett. Unsere Mutter hat dann eins nach dem anderen fertig gemacht, so drei, vier Stück an einem Tag.
Aber das war ein gesundes Schlafen, und wenn wir so eine richtige Kuhle im Strohsack hatten, haben wir uns unheimlich gefreut. Das war wie ein Nest.
Ein Wohnzimmer kannten wir nicht.. In der Küche spielte sich damals das ganze Leben ab. Da wurde gekocht auf dem Herd, da kam der Schweinekessel drauf und der Waschkessel, da wurde Wasser warm gemacht, und da wurde auch in einer Holzbadewanne gebadet. Das Wasser kam nicht aus dem Kran, das hatten wir erst viel später. Das mußte alles in Eimern angeschleppt werden. Ein paar Häuser weiter war eine Pumpe, und von dort mußte jeder Tropfen angeschleppt werden.
Die Küche war für alle da. Wir Kinder konnten da springen und toben, das hat unsere Mutter immer zugelassen. Da stand so eine große Lehnbank, und auf der haben wir immer gespielt.
Und die Küche war ja auch der einzige Raum im Haus, der warm war. Die anderen Zimmer waren im Winter ja eiskalt.

Sonntag

Bei einer sechstägigen Arbeitswoche bedeutet der Sonntag das Licht am Ende eines langen Tunnels; hieß Sonntag: Freizeit, Freiheit vom Arbeitszwang. Ein Tag, der anders war als die anderen, der das Versprechen des Genusses in sich barg und dies mit vielen kleinen Ritualen dokumentierte.

Am Sonntag wurde länger geschlafen, schabten die Männer ihre Bärte, wurden die Sonntagskleider hervorgeholt. Die Bereitschaft zum Konsum, besseres Essen, kleine Vergnügungen und der Sonntagsspaziergang mit seinem obligaten Abschluß im Cafe oder Gartenlokal, der Genuß von Kuchen oder Bier unterstrichen die Besonderheit des Tages.

Freizeit bedeutete Zeit für sich und andere. Sonntag war der Tag der Geselligkeit und wohl auch der Liebe, denn die Rhythmik des Arbeitslebens drückte auch dem sexuellen Leben seinen Stempel auf. Viele angestaute Bedürfnisse und Wünsche konzentrierten sich auf den Sonntag, und zwangsläufig hatte dieser Tag deshalb seine Schattenseite. Vor ihm lag der Zahltag, der Samstag, der die Löcher in der Haushaltskasse offenbar werden ließ.

Der Sonntag war ein Tag ohne Verdienst, ein Tag der Hausarbeit, der großen Wäsche, der daheimsitzenden Frauen, auch des Streits, heulender Kinder und gereizter Eltern.

Wolfgang Ruppert (Hrsg.), Die Arbeiter, 1986

"Die haben damals von einem Monat auf den anderen gelebt ..."

Als die Kinder klein waren, da war ja nur der Verdienst des Vaters da. Er war Schießmeister auf der Zeche, denn früher wurde die Kohle ja so weggeschossen. Und einmal hat er sich dabei durch die Ohrmuschel geschossen.

Er hatte viel Last mit den Mandeln und konnte oft nicht arbeiten gehen und war oft richtig krank und bettlägerig. Das war früher eine Not, wenn die krankgefeiert haben. Jede Menge Geld wurde vom Lohn abgezogen, und bei manchen Familien war hinterher Not und Elend. Da mußten die Frauen schon sehen, wie sie die Familie durchbrachten.

Aber unsere Mutter hatte geerbt. 800 Goldmark von ihrem ersten Vater. Das war damals ziemlich viel Geld, und mit 21 Jahren konnte sie ja darüber verfügen.

Wenn die Not groß war, dann hat sie wieder etwas abgeholt von dem Geld, damit die Familie durchkam. Und den Vater hat sie dann auch gepflegt, wenn der krank war. Das Krankenhaus mußte zwar nicht selbst bezahlt werden bei der Knappschaft, aber es wurde so viel abgezogen vom Lohn. Da hattest du nicht dasselbe Geld wie sonst in der Lohntüte.

Und die Kinder mußten ja auch Kleidung haben. Das wurde ja früher gar nicht unterstützt, mit Kindergeld und so.

Kein Mensch hatte ein Sparbuch. Die haben eben so gelebt - von einem Monat zum anderen.

Dabei ist der Notgroschen von Mutter so nach und nach draufgegangen.

Später waren ja auch schon Kinder da, die was verdient haben. Unser Jupp, der war noch keine 14, da fing er schon auf der Zeche an, aber über Tage.

Mit 16 ging er dann in die Grube. Die Mädchen waren im Geschäft und haben auch schon was verdient, mußten aber natürlich zu Hause was abgeben.

Mit 60 ging unser Vater dann in Rente, aber er hatte ja auch mit 14 angefangen. Erst bekamen sie 60 Mark Rente, hinterher dann 80 Mark.

Sicher, das Geld hatte wohl einen anderen Wert als heute, aber die konnten nichts sparen. Wovon denn? Das reichte ja gerade mal knapp zum Leben.

Die sind dann auch schon mal zum Kohleklauben auf die Steinhalde gegangen. Wenn sie so einen Sack Kohle zusammen hatten, dann konnten sie den verkaufen. Aber das war nicht ungefährlich. Wenn die Gendarmerie kam - mit Pferden sind die ja damals noch geritten - dann wurden die weggejagt.

"Unsere Mutter hat man nur mit Schürze gesehen ..."

Unsere Mutter hatte so ein bißchen das Kommando zu Hause. Bei ihr mußte immer alles schnell gehen. Wenn unser Vater schon mal am Herd stand, dann hat sie ihn weggejagt. Komm, komm, geh mal weg hier, ich mache das schon, hat sie oft zu ihm gesagt. Und unser Vater hat das so hingenommen. Mischt euch da nicht rein, hat er oft zu uns Kindern gesagt, wir verstehen uns schon. Und irgendwie stimmte das auch.

Unsere Mutter war als letzte im Bett und als erste auf. Mitunter hat sie gebügelt bis zwei Uhr nachts, und morgens um fünf war sie schon wieder auf.

Die Jungen, die hatten da schon im Bergbau Arbeit. Da stand sie in aller Herrgottsfrühe auf, hat Butterbrote geschmiert, Kaffee gekocht und alles verpackt, was die mit zum Pütt genommen haben. Und erst mal mußte sie ja den Ofen anmachen in der Küche. Manchmal hat sie Petroleum in den Ofen gegossen und auf offener Flamme gekocht, damit es schneller ging. Das war ganz schön gefährlich.

Wir Kinder waren ja früh im Bett, aber unsere Mutter, die hat bis in die Nacht gestrickt. Wir trugen ja alle Wollstrümpfe, und die hat sie geflickt und hat genäht. Und alles bei einer Petroleumlampe, elektrisches Licht hatten wir doch noch nicht.

Die Kinder wurden einmal in der Woche umgezogen. Und dann wurde jede Woche gewaschen, sonst wurde die damit nicht fertig. Das war eine Hetze, so ein Waschtag. Frühmorgens kam der Waschkessel auf den Herd, da mußte die Wäsche schnell kochen, denn mittags brauchte sie den Herd ja schon wieder zum Essenkochen. Eine Waschmaschine hatten wir nicht. Das wurde alles auf dem Waschbrett draußen auf dem Hof gemacht. Und wenn es geregnet hat, dann hat sie sich einen Sack auf den Buckel gebunden, stand da draußen im Regen und hat gerubbelt. Nur wenn es ganz kalt war im Winter, dann hat sie schon mal was in der Küche gewaschen, aber das war selten.

Das Grubenzeug von den Männern wurde ja auf der Zeche nicht gewaschen. Das wurde auch hier gewaschen, alles auf dem Brett. Wenn die samstags von der Schicht kamen, kam das Grubenzeug sofort in den Waschkessel, mußte kochen, wurde dann auf dem Brett gerubbelt und über dem Herd getrocknet.

Sonntags hat sie geflickt. So ein Berg Grubenzeug lag auf dem Fußboden, für alle Männer. Die hatten doch nichts großartig zum Wechseln und mußten ihre Sachen montags wieder haben. Und das Bügeln von der ganzen Wäsche, was das für eine Arbeit war. Die Männer hatten so Vorhemden, mit Fältchen vorne dran. Da hat sie gestanden und gebügelt und die Fältchen mit einem Elfenbeinstäbchen so hoch gemacht, damit die wieder schön stehen. Bis in die Nacht hat sie gestanden.

Unsere Mutter habe ich nur mit Schürze gesehen. Nur sonntags, wenn sie in die Kirche ging, hat sie eine schöne Bluse angezogen. Danach kam sie nach Hause, zog sich altes Zeug und die Schürze an, und ab ging es in den Stall, Schweine füttern.

Aber sie war nicht böse, daß sie das alles machen mußte. Unsere Mutter war so zufrieden. Sie hat sich erfreut an dem Vieh, wenn das Schwein gesund blieb und im Garten alles gedieh.

"Man kriegte wohl nicht das, was man haben wollte, aber gehungert haben wir nicht ..."

Wir hatten überall ein Stückchen Land. Der kleine Garten hier hat nicht gereicht, da haben meine Eltern noch etwas dazu gepachtet in der Nachbarschaft. Im Krieg war unsere Mutter froh darüber, dann konnte sie wenigstens was für die Schweine anpflanzen, Runkeln und so.

Wir hatten Schweine, Gänse, Hühner und Kaninchen, aber die nur eine Zeitlang. Und die Viecher hat alle unsere Mutter versorgt. Tauben hatten wir natürlich auch, die haben wir ja jetzt noch. Und Gemüse hatten wir im Garten. Stielmus, Spinat, Rotkohl und so. Aber nichts wurde gespritzt, das war noch gesundes Gemüse. Und Brot hat sie gebacken, mehr Roggen wie Weizen, mit Sauerteig. Solche Wagenräder! Dafür hatten wir extra so ein Holzfaß. Auf das Brot hat sie ein Kreuz gemacht, damit das gut gelingt und aufgeht. Da kann man auch sehen, welche Kräfte sie hatte. Allein das Mengen von so einem Teig, was das für Kraft brauchte.

Kappesschneiden für
den Winter (um 1920)

Nach der Gartenarbeit
(um 1910)

Im Herbst kamen ein paar Zentner Kappesköppe hier in die Küche. Dann wurde das Messer geholt, und unser Vater hat neue Klotschen gekriegt, und dann wurde getrampelt. Wenn ein Faß Sauerkraut im Keller war, Kartoffeln, ein Schwein geschlachtet werden konnte, Speck da war, dann war sie beruhigt. Sicher, man kriegte wohl nicht das, was man haben wollte, aber gehungert haben wir nicht.

In der Kriegszeit hat unsere Mutter das Nötigste gehamstert. Sie ist bis nach Ostpreußen gefahren mit dem Zug, da war sie zwei, drei Tage weg, zusammen mit ein paar anderen Frauen aus der Bergarbeitersiedlung. Dann kam sie zurück mit einem Ölkanister mit fünf Litern Öl und einer Seite Speck. Und dafür ist sie bis nach Ostpreußen gefahren. Aber Öl und Speck, das war doch eine Rarität damals. Die waren doch froh, daß die überhaupt was bekommen haben.

Im zweiten Weltkrieg hat sie nicht mehr so viel gehamstert. Das haben dann die Jungs gemacht. Unser Heinz, der konnte es ganz gut mit den Bauern, und der hat auch eine Menge gebracht. Da war sie froh.

"Daß die Kinder nur dressiert wurden, das gab's bei uns nicht ..."

Geschlagen wurde bei uns zu Hause trotz der vielen Kinder nicht. Manchmal gab es einen Klaps, aber mehr auch nicht. Das war nicht überall so wie bei uns. In anderen Familien wurden Kinder richtig mißhandelt. In der Nachbarschaft, da wohnte so eine Familie. Die Frau hatte 22 Kinder geboren, und der Mann war so ein richtiger Sadist. Die Kinder hatten blaue Striemen, teilweise blutig geschlagen, und blaue Augen und so. Auch die Frau hat Dresche gekriegt, wenn sie nicht pariert hat. Und dann so viele Kinder. Die ist auch früh gestorben, mit 49 glaube ich, hatte einen Herzfehler.

Gegen andere Leute war es bei uns gut zu Hause. Sicher, streng waren die Eltern auch. Das mußten sie ja auch sein, aber daß wir Kinder nur dressiert wurden, das gab's bei uns nicht.

Die Arbeit hat unsere Mutter lieber alleine gemacht. Das andere ging ihr auch alles viel zu langsam. Mithelfen mußten wir schon, aber trödeln durften wir nicht. Wenn sie Zeit hatte, hat sie uns auch mal in den Arm genommen, aber da war ja nicht viel Zeit. Sie hatte ihre Kinder auch so gern, auch ohne Kuß und so.

Unser Vater, der hat uns viel in den Arm genommen. Im Winter, da haben sich alle Kinder um den Ofen auf die Erde gesetzt, der Vater in der Mitte, und da hat er uns erzählt. Er konnte viel erzählen, Märchen, Selbstausgedachtes und die Bibel natürlich. Er wußte viel. Manchmal hat uns unser Vater geschnappt, und dann sind wir spazierengegangen. Das war dann schon ein Erlebnis für uns. Die Mutter hatte keine Zeit dazu.

"Da mußtest du deine Hand aufhalten, und dann druff ..."

Auf den Schulbesuch, da wurde Wert gelegt. Schuleschwänzen oder so, das gab es nicht. Unser Jupp hat mal die Schule geschwänzt, und ich wußte das wohl. Auf einmal kam ein Junge in meine Klasse, um mich zu seinem Lehrer zu holen. Und der hat gefragt, wo der Jupp ist. Ich habe gesagt, der ist krank. Und am nächsten Tag kriegte ich vier durch die Finger von dem Lehrer meines Bruders, für das Lügen. Ich wollte ihn in Schutz nehmen, aber er ist auf dem Markt gesehen worden. Ich hatte solche dicken Finger, und das hat verdammt weh getan.

Manchmal hat die ganze Klasse sie gekriegt. Ein paar waren ungezogen, und da haben sie es alle gekriegt. Zwei durch die Finger mit dem Rohrstock. Da mußtest du deine Hand aufhalten, und dann druff.

An die höhere Schule, da war nicht dran zu denken. Dabei hatten wir alle ganz gute Zeugnisse. Das wurde alles nicht so gefördert wie jetzt. Wer kein Geld hatte, der konnte sich das nicht leisten.

Ich kam mit 13 Jahren in die gehobene Mädchenklasse, da waren so die besten aus allen Schulen. Wir waren mit 13 Schülerinnen, hatten besondere Bücher, Literatur und so etwas.

Und dann wollte ich so gerne ins Geschäft, abwiegen und verkaufen, das hatte ich mir gewünscht. Aber von wegen, da mußtest du Kisten schleppen, putzen und Fußböden schrubben, das war Knochenarbeit. Und da haben die mich nicht genommen, weil ich so schwach war. Später habe ich dann in einer Nagelfabrik gearbeitet, bis meine Hände vereitert waren.

Der älteste Sohn, der sollte was werden. Der hat eine Lehre im Büro gemacht, und da ist er drei Monate vor der Prüfung zur Zeche gegangen. Er hätte gerne studiert, aber er hat gesagt, die Eltern

haben sowieso kein Geld für ein Studium, da kann ich gleich zur
Zeche gehen, weil da mehr verdient wird als bei Krupp im Büro.
Die anderen Brüder waren auch alle auf der Zeche. Beim Pütt wurde
jeder genommen. Die hatten Arbeit für alle zu der Zeit. Nur ein
Bruder, der ist Schuster geworden.

"Bei uns haben alle überlebt ..."

Zum Arzt war unsere Mutter während der Schwangerschaften kein
einziges Mal gegangen. Das ging alles gut, immer. Keine Fehlgeburt oder so. In der Nachbarschaft hatte eine Frau 25 Kinder bekommen, aber da sind dann jede Menge von gestorben. Bei uns
haben alle überlebt.
Gesprochen wurde nicht über die Schwangerschaft, das gab's nicht.
Es wußte auch keiner, daß sie schwanger war. Auf einmal war das
Kind da. Sie hat immer die ganze Arbeit gemacht, nie eine Hilfe
gehabt. Und wenn das Kind da war, dann ist sie sofort wieder aufgestanden am anderen Tag und hat Windeln gewaschen.
Wenn die Kinder krank waren, wurde der Arzt gerufen. Der kam
mit dem Fahrrad damals. Aber nur, wenn es richtig schlimm war.
Sonst kriegtest du einen Umschlag um den Hals, und dann war das
wieder besser. Zum Kühlen, oder wenn einer ein Geschwür hatte,
wurden Mutterblätter aufgelegt. Die wuchsen bei uns im Garten.
Die haben ja früher immer selbst Kräuter gesucht, Kamille, Pfeffer-
minz und so. Das wurde getrocknet und als Heilkraut eingesetzt.
Kleine Kinder hat unsere Mutter nicht verloren, aber der älteste
Sohn, der ist verunglückt auf der Zeche. Bei vollem Verstand ist der
gestorben. Meine Güte, das tat ihr weh. Die konnte sich gar nicht
beruhigen. Seine Frau war ihm jung weggestorben, und er hatte
einen Sohn von fünf Jahren. Der kam zur Oma mütterlicherseits.
Als unsere Mutter Enkelkinder bekam, da hat sie ja selbst auch noch
kleine Kinder gehabt. Ich war ein halbes Jahr alt, als unsere älteste
Schwester geheiratet hat. Das waren 20 Jahre Unterschied. Und
unser Johann war noch gar nicht geboren, den hat sie mit 43 noch
gekriegt. Da war ihr erstes Enkelkind schon drei Jahre alt.
Um die ersten Enkelkinder konnte sie sich ja deshalb gar nicht so
kümmern. Um die, die später kamen, wohl. Die hat sie auch mal
verwahrt, manchmal sogar unser Vater. Ich sehe ihn noch, wie er
mit dem Säugling auf dem Arm in der Küche hin- und hergelaufen

Kartoffeln

"Kartoffeln in der Früh,
Kartoffeln in der Brüh,
Kartoffeln samt ihrem Kleid,
Kartoffeln in alle Ewigkeit!"

Zur Hauptmahlzeit gab es am häufigsten Kartoffeln in jeder Form. Zur Abwechslung kamen aber auch Hirse, Graupen, Erbsen und Bohnen auf den Tisch. Freitags, wenn das Kostgeld zu Ende ging, aßen wir zu sechsen Blut- und Leberwurst für zusammen 20 Pfennig mit Sauerkraut und Stampfkartoffeln. Am Sonnabend, wo es noch knapper zuging, gab es Hering.
Diese einfachen Gerichte genügten uns, dafür war ja sonntags der Fleischtag mit einem Pfund Schweinefleisch für 60 Pfennig und Kartoffelklößchen, wobei die Mutter froh war, wenn noch ein Eckchen Fleisch für Montag überblieb.
Paul Löbe, Deutsche Kindheiten,

ist, damit der sich beruhigt. Unser Vater war ja sehr kinderlieb, bei uns und bei den Enkeln auch, das muß ich schon sagen.

"Was hatten wir denn verbrochen ..."

Unsere Eltern waren streng katholisch, aber so streng wie andere auch wieder nicht. Die gingen wohl jeden Sonntag in die Kirche, andere gingen jeden Tag. Und die Großen, die sollten auch sonntags zur Kirche gehen, aber statt in die Messen gingen sie in die Kneipen. Als die Jungs größer waren, da sind sie dann nicht mehr gegangen. Da hat sich die Mutter dann auch mit abgefunden. Die gehen eben nicht. Fertig, aus. Aber wir Mädchen, wir mußten in die Kirche. Unser Vater, der ging eine Zeitlang nicht zur Kirche. Er war ja für die Kommunisten. Da war unsere Mutter böse. Dann ist er aber nachher auch wieder hingegangen.
Überfromm waren wir aber nicht, aber als unser Johann mal eine evangelische Freundin hatte, hat das unserer Mutter gar nicht gepaßt. Und das war ein liebes Mädchen, die hatte einen guten Charakter. Aber unsere Mutter konnte das nicht haben, daß ihr Sohn mit einer Evangelischen ging.
Das wurde ja auch ein bißchen geschürt früher. Es gab da diesen Ausspruch: "Evangelische Kracken, im Pißpott gebacken, in die Pfanne gerührt, zum Teufel geführt." Das haben wir immer den Evangelischen auf der Straße hinterhergerufen.
Die Kirche hat ja früher viel mehr Einfluß gehabt als heute. Wenn unsere Mutter ein Kind bekam, dann mußte sie so lange ein Kopftuch tragen, bis sie ausgesegnet war. Innerhalb von sechs Wochen mußte das gemacht werden, aber meist ist sie schon nach 14 Tagen gegangen. Sie hat auch Wert darauf gelegt, daß ihre Töchter das auch machten. Ich bin wohl in die Kirche gegangen, weil sie mich da hingejagt hat, aber ich bin nur rein und sofort wieder raus. Man schämte sich ja, da hinzugehen. Was hatten wir denn verbrochen? Daß ich ein Kind geboren hatte, das sollte eine Sünde sein?

"Ein Marzipanschwein war das ganze Geschenk ..."

Wir hatten ein ganz einfaches Weihnachtsfest. Einen Tannenbaum gab es nicht. Da hatten wir ja gar keinen Platz für. Wo sollte der denn stehen, wir hatten doch überall nur Betten. Und was haben wir als Kinder gemacht? Tannenzweige haben wir gesucht, da haben wir uns selbst Bäumchen draus gemacht, und aus Staniolpapier haben wir uns Kügelchen gemacht.

Aber in die Kirche mußten wir alle, ganz früh morgens um fünf Uhr. Dann, wenn wir wiederkamen, war eine Kleinigkeit auf dem Teller, ein Marzipanschwein und ein paar Nüsse, das war das ganze Geschenk.

Zu essen gab es auch nichts Besonders. Unsere Mutter hat wohl zwei Fässer mit Berliner Ballen gebacken und ein paar Platten Kuchen, so groß wie der Tisch. Da haben wir dann 14 Tage von gegessen.

Zu Ostern gab es wieder Kuchen, aber sonst das ganze Jahr nicht. Und Geburtstag feiern, das kannten wir nicht. Da hat keiner überhaupt gewußt, wann er Geburtstag hat.

Spielzeug und so was, das kannten wir kaum. Wir haben uns Puppen genäht, aus Lumpen. Ein paar Augen reingestickt, Nase und Mund, und damit haben wir dann gespielt.

Die Jungs, die gingen Fußballspielen auf der Straße oder Kohlprengel schmeißen oder Fische fangen. Früher war ja noch nicht alles so zugebaut. Da gab es einen kleinen Bach, da waren Felder, Wiesen. Und da haben wir Heupferdchen gefangen und Schmetterlinge.

Taschengeld gab es nicht. Im Sommer mal ein Eis, aber das war die Ausnahme. Ich war 18 Jahre, da hab' ich noch kein Taschengeld gesehen.

Hinterher in der Nagelfabrik, da hab' ich was verdient. Aber da mußte ich dann mein Fahrrad abbezahlen. Und dann hab ich als Platzanweiserin in einem Kino gearbeitet. Später haben sie mir dann einfach was vom Lohn abgezogen, denn es gab ja so viel Arbeitslose, und da haben sie gesagt, ihr könnt ja gehen, wenn ihr wollt. Mein Gott, haben wir für wenig Geld gearbeitet. Und dafür jeden Vormittag hin, jeden Nachmittag bis abends um elf und einmal im Monat einen freien Tag. Das würde heute keiner mehr mitmachen.

"Die hatten da ja selbst Spaß dran ..."

Die Brüder, die hatten sich für Musik interessiert und für das Theater. Die Eltern nicht so, aber sie haben das gefördert. Sie hatten ja selbst

Spaß dran, aber hatten ja früher nie Zeit dazu gehabt, auch mal irgendwohin zu gehen.

Wir waren alle für Musik und Singen. Unser Vater hat schon immer gelauert, wenn die Brüder Opernarien gesungen haben. Er hat dann auch schon mal mitgesungen. Unsere Mutter hat auch gerne gesungen, aber Kirchenlieder. Sie hat auch dafür gesorgt, daß die Brüder gescheite Anzüge bekommen haben, damit sie ins Theater gehen konnten oder zur Oper.

Radio und Fernsehen, das gab es ja früher nicht. Aber die Tageszeitung, die hatten wir immer gehabt. Über Politik, da haben sich fast nur die Männer unterhalten. Die waren ja gegen die Nazis. Erst waren sie sogar für die Kommunistische Partei, aber als die dann abgeschafft wurde, da waren sie für die SPD. Und dabei sind sie geblieben. Das war ganz schön schwer in der Zeit.

"Die Mutter hat nie alleine gelebt ..."

Unsere Mutter ist 84 Jahre alt geworden, der Vater starb mit 81. Er war ja immer ein bißchen kränklich gewesen. Aber er hat sich auch immer noch nützlich gemacht, auf dem Feld gearbeitet, Kartoffeln gepflanzt, gegraben und gejätet.

Zwei Söhne lebten da noch im Haus, und der Heinz kam aus Holland zurück und blieb hier. Und Johann kam aus Ostpreußen zurück, war geschieden und hat dann auch hier gelebt.

Die Mutter hat nie alleine gelebt, bis zum Schluß nicht. Aber sie hätte sich ja auch nicht geschickt mit dem Vater alleine. Sie wollte immer ihre Kinder um sich haben.

Und später war ich dann auch hier und hab' mich um sie gekümmert. Ich hatte ja meinen Mann verloren im Krieg, vermißt war er irgendwo in Rußland.

Bis sie 79 Jahre alt war, ging auch alles ganz gut. Aber einmal, da hat sie sich gebückt den ganzen Nachmittag beim Runkelnziehen, und da hat sie einen Schlaganfall gekriegt. Sie hatte hohen Blutdruck, aber das hat ja damals keiner so richtig beachtet.

Danach hat sie noch fünf Jahre gelebt. Sie war nicht gelähmt, nur abgeschwächt. Aber etwas hat sie immer noch gemacht, Kartoffeln geschält, abgetrocknet und so was.

An Altersschwäche ist sie dann schließlich gestorben. Zu Hause, bei ihren Kindern.

Junges Paar (um 1908)

Elisabeth

Elisabeth wird 1887 geboren. Sie wächst gemeinsam mit 15 Geschwistern in gutsituierten Verhältnissen auf. Sie ist 23 Jahre alt, als sie den 27 Jahre alten Steiger Bernhard heiratet. Ein Jahr später wird das erste Kind geboren, dem im Laufe der Jahre noch weitere neun folgen. Sie wird 82 Jahre alt.
Kläre, das siebte Kind in der Geschwisterreihe, heute 67 Jahre alt, Hausfrau und Mutter von sechs Kindern, erinnert sich:

"Unser Vater hätte immer gerne eine Fußballmannschaft gehabt ..."

Vater ist aus Bochum, Mutter ist aus Höntrop. Wie sich meine Eltern kennengelernt haben, das kann ich nicht genau sagen. Ich weiß wohl, daß meine Mutter fürchterlich geweint hat, als sie dann hier in diese Stadt zogen. Da haben die Leute im Zug gedacht, mein Vater sei ein Mädchenhändler und wollten schon dazwischengehen.

Die Mutter kam aus einer Familie mit 16 Kindern, aber aus gutsituierten Verhältnissen. Die waren wohl ziemlich reich. Ihre Eltern hatten eine gutgehende Gaststätte, so mit Gartenwirtschaft. Da hatte sie von zu Hause eine gute Aussteuer mitbekommen. Sie war nicht berufstätig, auch vor der Ehe nicht. Aber zu Hause, da mußte sie ganz schön mithelfen im Betrieb.

Der Vater war ein Einzelkind. Er erzählte oft, wie seine Eltern fünf Mark in der Woche hatten zum Leben, und davon haben sie noch die Hälfte gespart.

Meine Eltern waren 23 und 27 Jahre alt, als sie geheiratet haben. Mein Vater war Steiger, und da hat er hier auf der Zeche Arbeit bekommen.

Ein Jahr nach der Hochzeit kam das erste Kind und eineinhalb Jahre später das zweite. Und wie das dann so geht, alle anderthalb Jahre kam ein neues, und dazwischen waren noch zwei Fehlgeburten. Mit 42 hat sie dann das letzte gekriegt. Drei Mädchen, anschließend vier Jungs, und dann nochmal drei Mädchen.

Unsere Eltern haben immer viele Kinder gewollt. Da haben sie sich nie gegen gesträubt. Gott sicher, als dann so viele kamen, werden die sich auch manchmal gesagt haben, wird Zeit, daß wir aufhören.

Unser Vater hätte immer gerne eine Fußballmannschaft gehabt. Dann war er doch enttäuscht, daß anfangs lauter Mädchen kamen. Die Kinder kamen alle zu Hause zur Welt. Krankenhaus kannte man da gar nicht, und zum Arzt ging man auch nicht. Da war die Hebamme für zuständig. Die kam kurz vorher mal gucken, und wenn es soweit war, wurde sie gerufen.

Als die Kinder noch klein waren, da hatten wir ein Dienstmädchen gehabt. Das kam morgens, blieb den ganzen Tag und ging am Abend nach Hause. Die ganze schwere Arbeit brauchte Mutter da nicht zu tun. Insgesamt haben die Eltern eine gute Ehe geführt. Sie haben immer ein gutes Verhältnis zueinander gehabt.

"Die haben die Kinder nicht bei jedem Piep gleich hochgenommen ..."

Mutter hat lange gestillt, sie hat noch andere Kinder mitgestillt, soviel Milch hatte sie. Zu meiner Zeit, wo ich geboren bin, da hat sie sogar ein Nachbarskind, wo die Mutter bei der Geburt gestorben ist, mitgestillt.

Aber daß mit den Kindern so viel rumgemacht wird wie heute, das gab es früher nicht, da wurden die bis neun Monate als Säugling behandelt. Die haben in ihrem Bettchen gelegen und geschlafen. Aber daß die die Kinder haben stundenlang schreien lassen, das habe ich nie gehört von den Eltern. Sicher, die haben die nicht bei jedem Piep hochgenommen, das haben wir ja auch nicht gemacht, aber stundenlang schreien lassen, das konnte Mutter gar nicht.

Und wir wurden auch oft in den Arm genommen und gestreichelt, auch von unserem Vater. Man kann schon sagen, es war schon viel Liebe da. Sorgen und Streit kommen überall mal vor, aber im großen und ganzen hatten wir ein liebevolles Elternhaus.

"Die fiel abends wirklich müde um ..."

Wir haben ja in einem Steigerhaus gewohnt. Unten hatten wir vier große Zimmer und oben auch, so ungefähr 200 qm zusammen. Und einen riesigen Garten.

Eine Toilette gab es schon, die war unten im Flur. Später wurde dann oben ein Badezimmer eingebaut. Und elektrisches Licht hatten wir auch. Die Häuser sind ja neu gebaut worden, und da haben die das gleich mit eingebaut. Der Strom kam von der Zeche.
Die ersten Jahre hatten wir wohl noch das Dienstmädchen, aber später nicht mehr, da mußten wir natürlich alle mit anpacken.
Um fünf Uhr ist die Mutter aufgestanden. Bis die mal erst alle Kinder fertig hatte, für den Kindergarten, für die Schule und so, das hat gedauert. Und dann ging sie in den Garten und hat da gearbeitet. Unser Vater hat auch oft vor der Arbeit um sechs Uhr morgens schon im Garten gestanden, um acht mußte er dann zum Pütt. Die haben alles selbst gezogen, Gemüse, Kartoffeln. Wir haben nicht viel kaufen müssen.
Und dann wurde das ganze Gemüse eingemacht. Zwei große Kartoffelkisten wurden gefüllt, Möhren wurden in Sand gemacht, daß sich das hält, und rote Bete. Ein ganzes Faß mit Bohnen wurde eingemacht und ein Faß mit Sauerkraut.
Wir hatten früher viele Stallungen am Haus. Drei, vier Schweine haben wir im Jahr geschlachtet. Wenn der Metzger kam, war das wie ein großes Fest bei uns. Und gewurstet wurde ja auch zu Hause. Das war ein Erlebnis. Das Fleisch wurde gepökelt. Das hat auch unsere Mutter gemacht. Und eine Ziege haben wir gehalten, Karnickel und Hühner, und das mußte ja alles versorgt werden.
Das Dienstmädchen hat die Wohnung saubergemacht und wohl auch ein bißchen mitgeholfen. Aber die Mutter hat sich um die Kinder gekümmert, um das Essen und um den Garten. Die hatte ja genug zu tun, die fiel abends schon wirklich müde um.
Allein die Bevorratung. Was das heißt, so viele Mäuler zu stopfen, das kann man sich doch gar nicht mehr vorstellen.
Auf das Essen hat sie sehr geachtet. Wir haben eher auf etwas anderes verzichten müssen. Es gab natürlich viel Durcheinander, und viel Fleisch gab es auch nicht, nur das, was da war. Und wie das früher war, der Vater kriegte das größte Stück, das war selbstverständlich. Der mußte arbeiten. Die Mutter hat oft verzichtet.
Waschen, das war ja anders als heute, nicht einfach rein in die Maschine und fertig. Eine Waschmaschine hatten wir wohl auch, aber mit Wassermotor. Oft war der Druck nicht da, und da mußte meine Mutter dann im Keller stehen und die Waschmaschine selbst schlagen. Dann mußte die Wäsche erst mal aus dem kochenden Wasser genommen werden, mußte fünf-, sechsmal gespült werden.

Dienstmädchen (um 1920)

Nachher kriegten wir dann noch einen Wringer dazu, daß man die Wäsche schon mal durchdrehen konnte. Aber das war harte Arbeit. Da mußten wir später alle mit ran, da gab es gar nix. Das konnte Mutter nicht alles alleine schaffen.
Einmal bin ich von einem Wandertag in der Schule nicht nach Hause, sondern zu einer Freundin gegangen, und wir hatten gerade Waschtag. Und als ich nach Hause kam, da habe ich eine Tracht Prügel gekriegt, weil ich mich gedrückt habe. So war das.
Die haben schon hart arbeiten müssen. Und trotzdem wundert man sich, wie diese Frauen noch so manche Initiative ergriffen haben.

"Wenn der mal einen Tag aufpassen mußte, dann ging alles drunter und drüber ..."

Das Sagen hatte wohl mehr die Mutter in der Familie. Der Vater war ziemlich geduldig, das war ein stiller Dulder. Die Finanzen und die Erziehung, das hat mein Vater so ziemlich alles der Mutter überlassen.
Aber die Beziehung war von gegenseitiger Achtung voreinander geprägt. Die hat unser Vater auf jeden Fall gehabt. Und unsere Mutter hat auf unseren Vater auch nichts kommen lassen.
Aber um die Kinder, da hat er sich weniger gekümmert. Vater hat viel gelesen. Der war sehr belesen, der wollte alles wissen. Hatte nur Fachbücher, Sternenkunde zum Beispiel, da hat er sich für interessiert. Der konnte ein Kind auf dem Arm haben und stundenlang lesen. Den hat das nicht gestört, ob das geschrieen hat oder nicht, der hat weitergelesen.
In der Beziehung hat Vater nicht viel geholfen. Ob er seine Kinder alle so kannte, das weiß ich nicht.
Aber bei uns auf dem Hof war auch immer was los. Da hat sich das meiste abgespielt. Wir waren schon so viele Kinder, und die Kinder aus der Nachbarschaft waren auch dauernd bei uns. Unsere Mutter war ziemlich großzügig und freigebig. Wir haben morgens oft eine Pfanne Bratkartoffeln gekriegt. Die wurde in der Küche auf die Erde gestellt, und wir haben uns drumherumgelegt. Da waren die fremden Kinder genau so dabei wie wir.
Um die Schularbeiten, da hat sich der Vater wohl schon mal gekümmert, und viel beigebracht hat er uns auch. Aber daß er mal sagen konnte, heute mache ich die Kinder mal fertig - wie das heute

Wäschewaschen

Die Maschine muß äußerst glatt gearbeitet sein; fehlt derselben die Glätte, so ist sie in Ruin für die Wäsche, wovon alsdann die vorfindenden Flocken einen Beweis liefern. In einer guten Waschmaschine aber leidet das Zeug weniger, als wenn es mit der Hand gewaschen wird, namentlich ist dieselbe für größere Haushaltungen ein wahrer Schatz, indem man in wenigen Stunden mit einer größeren Wäsche fertig sein kann.

Die Wäsche wird am vorigen Tage mit weichem Wasser eingeweicht. Anstatt des Ausringens, um Zeit zu sparen und das Zeug zu schonen, werde dieselbe zum Ablaufen auf ein dazu bestimmtes großes hölzernes Sieb, welches auf ein Faß gestellt wird, gelegt. Dann werden schmutzige Stellen mit bester Schmierseife mäßig eingeseift, die Stücke ganz glatt, und nicht zu viel, in die Maschine gelegt, eine gute und heiße, doch nicht kochende, recht reichliche Seifenlauge darauf gegossen und zehn Minuten gleichmäßig geschwungen. Früher kam auch etwas Soda in die erste Lauge. Die Seife enthält indes jetzt so viel Soda, daß es nicht eines solchen Zusatzes bedarf. Kommt nun das Zeug aus der Maschine, so wird es , nach dem Ablaufen auf dem bemerkten Durchschlag, in einer frischen Lauge mit der Hand rein gewaschen, was wenig Zeit und Mühe erfordert, während die erste Lauge wieder heiß gemacht und mit einem Zusatz von Seife nochmals zum ersten Gebrauche anzuwenden ist. Nach dem Reinwaschen wird das Zeug in einer reinen kochenden Lauge zum zweiten Male acht bis zehn Minuten geschwungen, wo dann die Wäsche nichts zu wünschen übrig läßt. Feines, nur einmal gebrauchtes Tischzeug bedarf nur einer einzigen Lauge.

Hat man die Bleiche in der Nähe, so kann die reine Wäsche schon nach und nach gelegt und sogleich begossen werden. Nach einem weißen Zeuge können bunte Stücke, zum Beispiel Bettbezüge, wattierte Unterröcke, wollene Strümpfe in der Maschine gewaschen werden, wozu man das Wasser mäßig warm nimmt. Zuletzt wird das Zeug der Dienstboten vorgenommen. Noch sei bemerkt, daß das Waschen überhaupt, umsomehr noch die Maschinenwäsche, unter Aufsicht der Hausfrau oder einer zuverlässigen Stellvertreterin geschehe; die damit verbundene Mühe wird reichlich belohnt.

Henriette Davidis, Die Hausfrau, 1876

so ist - das war ausgeschlossen. Das gab es nicht, daß die Männer mal die Kinder wickelten oder so. Wenn der mal einen Tag aufpassen mußte, dann ging alles drunter und drüber.
Einmal, da mußte unsere Mutter nach Hause, nach Höntrop, und da mußte der Vater die Kinder ins Bett bringen. Ein Junge, der hat so schrecklich geweint und wollte gar nicht. Und als die Mutter zurückkam, da hat sie gesagt, ja was willst du denn mit dem Jungen, der gehört doch gar nicht hierhin. Da hat er ein fremdes mit reinstecken wollen.

"Wenn ihr nicht artig seid, dann kommt ihr in die Milchkanne ..."

Viel Prügel gab es bei uns nicht, aber parieren mußten wir, sonst gab es was hinten drauf.
Unser Joseph, der hat mal eine ordentliche Tracht gekriegt mit dem Stock. Aber der hat Dummheiten gemacht, was nicht sein durfte. Die haben mit so ein paar Jungen die Pöttkes kaputtgehauen von der elektrischen Leitung. Das gab's doch früher auf den Leitungen diese weißen Pöttkes aus Porzellan oder so. Und da hat es natürlich ordentlich was gesetzt zu Hause.
Streng waren die Eltern wohl, aber nicht überstreng. Die haben viel mit Güte gemacht, alle beide, aber wir hätten früher nicht so viele Widerworte geben dürfen wie die Kinder heute. Es war früher mehr Respekt da vor den älteren Herrschaften. Wenn man die Kinder heute so reden hört über die Eltern, das hätten wir uns früher nicht gewagt.
Ich weiß noch, wie unsere Lehrerin mal zu Besuch kam, und wir waren in der Küche. Da mußten wir uns ein schönes weißes Schürzchen umtun und guten Tag sagen, dann wieder rausgehen und unsere Arbeit weitermachen in der Küche. Da war eine Lehrerin noch eine Lehrerin, das war eine Respektsperson. Da hieß es nicht, komm her, du gehörst dazu.
Wenn Besuch da war, da mußten wir uns im Kinderzimmer aufhalten. Und bei Nachbarn von uns, da durften die Kinder nicht mit an den Tisch der Eltern, bis sie 16 Jahre alt waren. So schlimm war es bei uns nicht.
Und wenn der Milchbauer kam, dann hieß es immer, wenn ihr nicht artig seid, dann kommt ihr in die Milchkanne rein. Dann gingen

Sonntagnachmittag in der Familie (um 1925)

wir natürlich laufen, da hatten wir Angst vor. Heute würde das doch
kein Kind mehr glauben.

Aber die Eltern haben sich auch viel Mühe mit uns gegeben, haben
uns viel Schönes geboten. Und zuhören konnten meine Eltern auch
gut, und mit Leid konnte man zu ihnen kommen, zum Vater zwar
weniger, aber zur Mutter immer.

Unser Vater hat später viele Wanderungen mit uns gemacht. Aber
das war nicht so, daß wir nur durch die Gegend liefen. Der hat
wirklich alles erklärt, Bäume und Pflanzen und all die Dinge. Vater
ging nicht die Wege, der lief querfeldein, das tat er am liebsten.

Wir haben auch viel Theater gespielt als Kinder, haben uns mal
eine Bühne aufgebaut, und dann haben wir auch eingeladen und
fünf Pfennig Eintritt genommen.

Und auf der Straße konnten wir noch spielen, die war ja noch frei.
Ab und zu kam mal eine Kutsche durch von der Zeche, da fuhr
der Betriebsführer mit und auch mal die Steiger. Und eine schöne
Laube hatten wir im Garten, wo wir spielen konnten.

Als wir größer waren und zur Schule gingen, da kriegten wir ja alle
unsere Aufgaben. Wir mußten unsere Zimmer saubermachen und
aufräumen und die ein oder andere Aufgabe übernehmen. Erst
wenn alles fertig war, auch die Hausaufgaben, durften wir spielen
gehen.

Meine Eltern haben auf dem Standpunkt gestanden, was früh gelernt
wird, das wird den Kindern später immer helfen können. Und das
ist ja auch so, das sagen selbst unsere Kinder heute.

Ich war froh, daß wir so mit anpacken mußten. Da ist keiner von
den Geschwistern, der mit den Nerven durch ist oder so.

"Da wurde das eine vom anderen getragen ..."

Der Vater war ja lange Jahre der alleinige Verdiener gewesen, und
da hat Mutter schon rechnen müssen.

Aber sie hat auch Wert darauf gelegt, daß wir sauber und ordentlich gekleidet waren. Die Kleider wurden aufgetragen, bis sie durch
waren.

Aus alt wurde dann neu gemacht. Neue Sachen, die gab es selten,
das war die Ausnahme. So an Weihnachten vielleicht, da haben wir
uns über einen Stoff für ein Kleid mehr gefreut, als wenn wir ein
Spielzeug bekommen hätten.

Alltags gab es eine dunkle Schürze um, damit wurden die Kleider geschont. Ohne Schürze hätten wir nicht rausgehen dürfen, sonst hätte es was gesetzt.

Ich war nach der Schule auf dem Landjahr. Da ging man unentgeltlich hin, daß man was lernte. Schneiderin durfte ich nicht lernen, weil ich dafür zu schwach war.

Da schrieb ich nach Hause, daß ich unbedingt ein Sonntagskleid haben muß. Ja, und was kriegte ich? Da wurde von einem alten Kleid ein Rock genommen, der Stoff für die Bluse zugekauft, und das war dann mein Sonntagskleid.

Da wurde das eine von dem anderen getragen. Daß es wer weiß was Neues gab, daran kann ich mich nicht erinnern.

Mit Spielzeug war das auch so. Zu Weihnachten, da kriegten wir mal eine Puppe, und die wurde hinterher wieder runtergesetzt auf die Kleinen. Dann hat die Mutter Kleider dafür genäht, gestrickt und gehäkelt, und dann kam die wieder neu ausstaffiert auf den Tisch.

"Nicht der Beruf geht vor, sondern das Elternhaus ..."

Ich bin nie dazu gekommen, einen Beruf zu erlernen. Als ich aus dem Landjahr zurückkam, da kam die Zeit, wo unsere Mutter so viel Last mit den Wechseljahren hatte. Da mußte ich viel zu Hause einspringen. Mein jüngerer Bruder war noch im Haus, und der mußte auch versorgt werden. Für mich war das auch eine sehr schwere Zeit. Und da hieß es eben, nicht der Beruf geht vor, sondern das Elternhaus. Und da hat man sich gefügt.

Als Vater starb, mit 69 Jahren, mußten sie ja raus aus dem Haus. Die haben dann eine kleinere Wohnung von der Zeche bekommen. Meine Schwester, die dritte, ist ledig, und sie hat die Mutter bis zum Tode versorgt. Die beiden haben zusammengelebt. Mutter starb dann mit 82 Jahren, aber sie hat sich bis ins hohe Alter gefreut, wenn ihre Kinder nach Hause kamen.

Die Älteste, die ist mit 16 ins Kloster gegangen. Das war ganz schön schwierig, die Aussteuer zusammenzukriegen. Die mußten ja damals ordentlich was mitbringen in das Kloster. Das war hart für die Eltern.

Die zweite ist zur Mittelschule gegangen. Und eine andere Schwester ist auch ins Kloster gegangen und hat dort Krankenpflege

gelernt. Gefördert wurde das schon, aber die sind dann doch freiwillig ins Kloster gegangen. Ich wüßte nicht, daß da Druck ausgeübt wurde. Unser Bernhard war auch im Kloster lange Jahre, aber
dann ist er zur Polizei gegangen. Und ein anderer Bruder, der hat
Gärtner gelernt, und unser Fritz ist nachher auch zur Zeche gegangen, als Steiger.
Unsere Eltern waren ja sehr religiös. Vater war im Kirchenvorstand
und so, und natürlich war das auch der Einfluß des Elternhauses,
daß drei Kinder im Kloster waren. Aber gezwungen wurde bei uns
keiner.
Ich sollte ja Köchin lernen, aber das wollte ich nicht. Da hatten die
Eltern auch Verständnis für gehabt. Dann wollte ich gerne Krankenschwester werden. Das wollten die Eltern wohl nicht, weil ich
dann in den Krieg gemußt hätte.

"Den Mann kannst du doch nicht entlassen ..."

Die Arbeitslosenzeit, das war eine schlimme Zeit, viel schlimmer
als heute.
Mein Vater, der war ja Steiger, Bergbeamter hieß das früher. Und
der Unterschied zu den Arbeitern, der war ja viel krasser als heute.
Die Steiger, die hatten ja schon einige Privilegien. Wir mußten zum
Beispiel keine Miete zahlen, und sechs Tonnen Kohle im Jahr haben
wir umsonst bekommen, die wurden sogar noch eingescheppt.
Die Steiger konnten ja Entscheidungen treffen, fast wie ein Arbeit-
geber. Unser Vater, der hat oft mit dem Kopf auf dem Tisch gelegen
und hat gegrübelt, jetzt muß ich wieder welche entlassen, ich weiß
nicht, wie ich das machen soll.
Dann hat er einen Familienvater gehabt, da waren jede Menge
Kinder, aber der war so bequem und faul. Da hat meine Mutter
gesagt, den Mann kannst du doch nicht entlassen, mit so vielen
Kindern. Meine Mutter wußte ja, was dem Mann blühte. Das waren
doch harte Zeiten.
Und Vater hat sich manchmal sehr schwere Gedanken gemacht,
wen er nun entlassen soll. Er mußte ja auch die entlassen, die nichts
taten, aber das waren gewöhnlich solche Leute, die viele Kinder
hatten.
Man wußte auch nicht, wie die geschlafen haben nachts bei den
vielen Kindern, und da konnten die ja auch nicht so viel leisten.

Mutter-Werden

Die gesegnete Frau hat folgendes zu beobachten: Sie ist verantwortlich wie für ihr eigenes, so auch für das Leben des Kindes, das sie unter dem Herzen trägt. Stirbt dasselbe durch ihre Schuld vor der Geburt, so ist sie vor Gott Mörderin ihres eigenen Kindes, so bringt sie dasselbe, da es ohne die heilige Taufe stirbt, um den Himmel.

Deshalb soll sie alles meiden, was der Leibesfrucht offenbar schädlich ist. Sie hat zum Beispiel fernzuhalten großen Ärger, großen Schrecken, großen Zorn, allzu große Freude sowie all diejenigen Arbeiten und Vergnügungen, mit denen starke Bewegung oder körperliche Anstrengung verbunden, als da sind: Graben im Garten, Tanzen, starkes Laufen, Arbeiten mit der Tretmaschine, Tragen schwerer Lasten mit den Händen und auf dem Kopfe, Fahren auf unebenen Wegen, längeres Reisen auf der Eisenbahn.

Außerdem· soll eine Frau in diesem Zustande soviel als möglich eine nahrhafte Kost genießen und zudem fleißig für das Kind beten, daß dasselbe glücklich zur heiligen Taufe geboren werde.

Georg Schreiber, Mutter und Kind in der Kultur der Kirche, 1918

Die Wohnungen von den Arbeitern waren ja bedeutend kleiner als unsere. Das tat einem manchmal für die Menschen leid.
Wenn man so durch die Siedlung ging, und die Leute saßen draußen auf der Straße, das hat einem schon manchmal weh getan. Und die Arbeiterkinder haben uns Steigerkinder oft aufgezogen oder uns böse Worte hinterhergerufen. Wir hatten da manchmal ganz schöne Angst. Heute kann ich das verstehen, die waren ja wirklich arm. Aber als Kind habe ich das nicht verstanden.
Daß es bei uns pompös war oder so, das war es nicht. Wir wollen mal sagen, daß die Geldnot auch manchmal bei uns war, das ist ganz klar. Ich weiß, daß meine Mutter manche Träne vergossen hat, weil sie nicht wußte, wie sie es schaffen sollte. Aber im Verhältnis zu manchen anderen Familien konnten wir noch zufrieden sein.
Und dann kam die Nazi-Zeit. Da wurde sie auch nicht mit fertig. Der Vater, der konnte schnell mal ein Wort sagen, und das war gefährlich. Da hat Mutter auch manches Mal drunter gelitten, unter der Zeit. Und sie mußte den Vater bremsen. Die hatten ja die vielen Kinder zu versorgen, da mußte er einen Rückzieher machen. Man nannte ihn erst den frommen Bernhard und dann in der Nazi-Zeit den schwarzen Bernhard.
Einer der Söhne, der ging in die SA. Ich weiß, daß der mit meinem Vater viel Krach gehabt hat. Die haben sich viel gestritten, weil unser Vater damit gar nicht einverstanden war.
Na ja, und dann hat er ja auch frühzeitig aufhören müssen auf der Zeche, weil er da nicht mitgemacht hat.

"Damals hat die Kirche den Alltag und die Menschen geprägt ..."

Mein Vater, der hat sich viel mit religiösen Dingen auseinandergesetzt und hat auch streng nach seiner Religiösität gelebt. Und er hat sich auch Gewissensbildung gemacht, wenn noch mehr Kinder kamen. Das habe ich mal mitgekriegt.
Zehn Kinder waren ja schon da, und damit nicht noch mehr Kinder kamen, hat er sich zurückgehalten. Das ist ihm wohl auch manchmal schwergefallen, trotzdem er so religiös war. Aber er hatte Achtung vor seiner Frau, daß er ihr mehr nicht zumuten konnte. Und da mußte er sich zurückhalten. Alles andere war ja tabu. Es

hieß ja früher in der Kirche, du mußt ein Kind kriegen, sonst ist
das Sünde.
Wir haben ja auch noch danach gelebt. Ich glaube, ich hatte auch
schon das fünfte Kind, da hat mal ein Pastor in einem Vortrag bei
der KAB gesagt, daß nicht das Glück der Ehe nur das Kind ist oder
sein muß, sondern das Glück miteinander. Das war ja bahnbre-
chend für uns.
Oder wir Kinder. Morgens um sechs mußten wir in die Kirche, da
gab es gar nichts. Und alles zu Fuß, bei Wind und Wetter. Früher
gab es ja nichts anderes. Und dann noch den langen Weg zur Schule,
da wurde nicht nach gefragt. Was hatten wir oft Angst, wenn wir
im Dunkeln durch die Arbeiterviertel mußten.
Und bei Gewitter, da saßen wir um den Tisch, hatten eine Kerze
an und haben den Rosenkranz gebetet. Es gab auch kein Mittagessen ohne Tischgebet. Damals hat die Kirche den Alltag und die
Menschen geprägt.
Zur Aussegnung ist unsere Mutter natürlich auch gegangen. Aber
die fand nicht am Hauptaltar statt, sondern nach der Messe am Sei-
tenaltar. Das war schon entwürdigend. Da durfte auch keiner dabei
sein.
Ich habe das ja später auch gemacht, aber unser Kaplan hat das
schon anders gesehen. Der hat gesagt, das ist keine Aussegnung,
sondern ein Segen, daß die Kinder auch die Liebe empfangen
können von der Mutter.
Es hat sich schon vieles geändert, Gott sei Dank.

"Die Leute waren früher irgendwie anders ..."

Meine Mutter sagte immer, wenn man will, dann kann man vieles,
und wenn man muß, dann kann man alles. Wenn man bedenkt,
was die mitgemacht hat. Zehn Schwangerschaften, zwei Fehlgeburten, die viele Arbeit und die Sorgen. Dafür hatte sie sich ganz gut
gehalten. Sie war nie krank, nur in den Wechseljahren hatte sie mal
so dicke Risse an den Händen und den Füßen, da konnte sie eine
Zeit nicht arbeiten. Und so richtige Freizeit, das kannte sie doch
gar nicht. Aber daß unsere Mutter viel geklagt hat, kann ich eigentlich nicht sagen.
Die Leute waren früher irgendwie anders. Die Frauen empfanden
das erst mal alles als eine Selbstverständlichkeit, das gehörte alles

zum täglichen Leben. Und das ist ihre Aufgabe gewesen, und die haben sie vielleicht selbstbewußter angepackt, die hatten da weniger Probleme.

Heute meinen die Frauen, es fehlt ihnen was. Sie müssen unter Leuten sein, müssen andere kennenlernen, müssen dahin und dorthin. Das ist denen einfach zu stupide, nur den Haushalt zu machen oder sich um die Kinder zu kümmern. Aber der Druck, der kommt ja auch von außen.

Die waren einfach zufriedener früher. Die haben das mehr hingenommen. Das muß so sein und fertig.

Ich wüßte auch nicht, daß unsere Mutter irgend etwas bereut hat. Sie hat nicht einmal gesagt, ich täte das nicht wieder, so viele Kinder bekommen. Die Familie war füreinander da, und man hat sich gefreut, wenn alle zusammen waren.

Meine Kindheit war nicht schlecht. Ich möchte davon gar nichts missen.

Daß ich sagen würde, heute hätte ich es besser als früher, das würde ich noch nicht einmal sagen.

Mittelstandsfamilie mit 12 Kindern (um 1920)

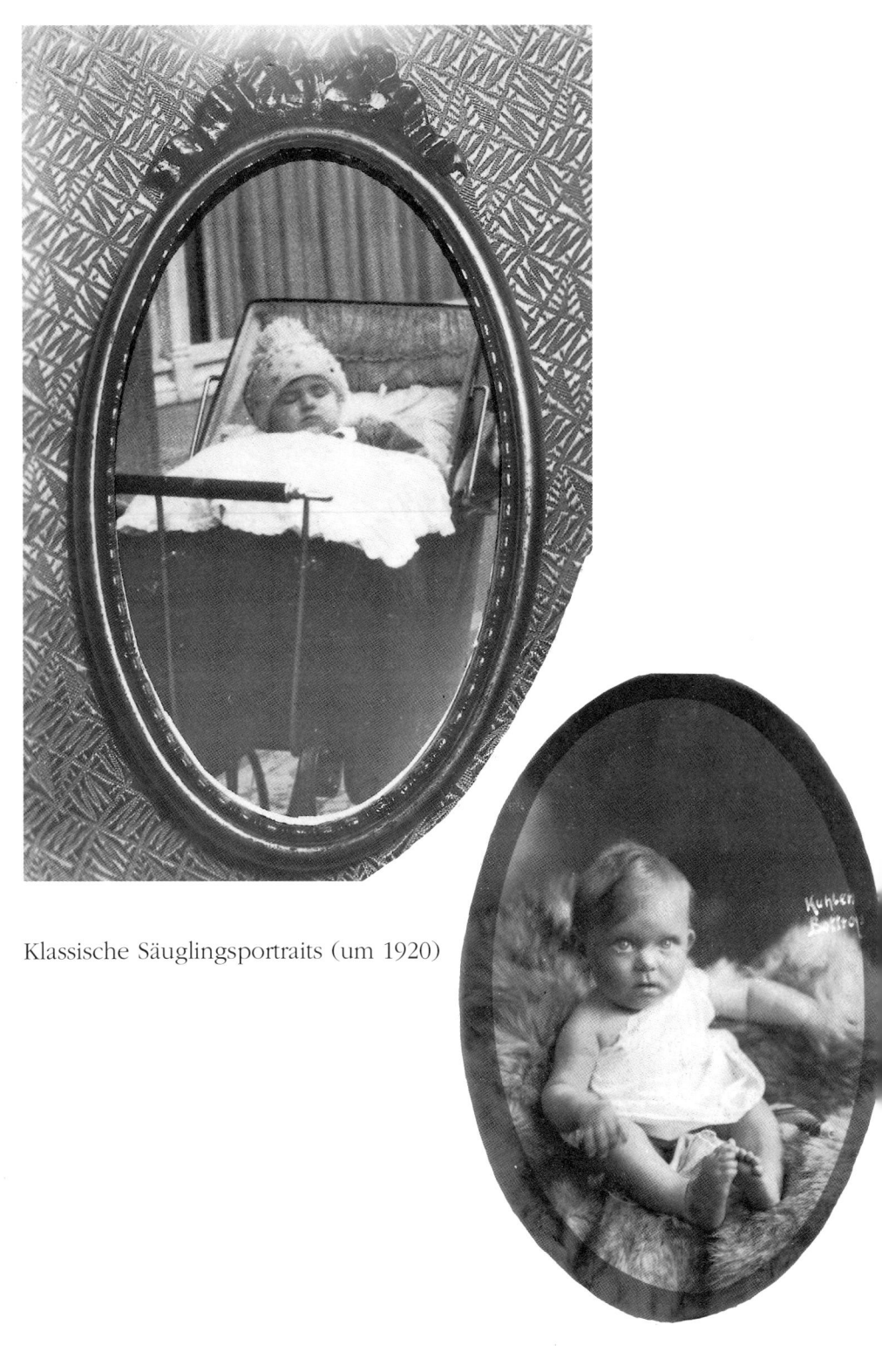

Klassische Säuglingsportraits (um 1920)

Der Hausarzt

"Die gingen nur zum Arzt, wenn sie den Kopf unterm Arm trugen ..."

Als der Bergbau anfing zu prosperieren, wurden ja Arbeitskräfte gebraucht, und diese mußten irgendwoher kommen. Ja, und woher? Aus den armen, überbevölkerten Gebieten, und dazu gehörte auch Oberschlesien. Es wurden ganze Werbekommandos rübergeschickt, die haben dort Leute angeworben, in Waggons verpackt und ins Ruhrgebiet gebracht. Das war ja hier so ein Schmelztiegel: die Einheimischen, die Oberschlesier, die Ostpreußen und einige aus dem Saarland.

Erst kamen die Männer, die waren hier im Ledigenheim untergebracht, das nannte man damals auch "Bullenkloster". Und später holten sie ihre Familien nach und bekamen dann eine Wohnung zugewiesen.

Diese Menschen hatten zum Leben eine sehr eigene Einstellung. Sie waren auf der einen Seite sehr religiös, auf der anderen waren sie auch ein bißchen hart.

In Oberschlesien zum Beispiel lebten sie ja sehr ärmlich. Und dann kamen sie hier herüber und gelangten damit praktisch in den goldenen Westen, wo sie Geld verdienten. Sie kamen hier in diese Kolonien, die für sie natürlich die Verheißung waren. Da waren ein Garten, ein Stall und ein festes Haus.

Die Frauen mußten sehr häufig noch neben ihrem Haushalt den Garten bestellen. Sie hatten Gänse, Ziegen und Schweine. Alles mußten sie mitversorgen. Sie waren schon sehr hart eingespannt. Und dann hatten sie oft noch einen Kostgänger im Haus gehabt, das habe ich selbst noch oft erlebt.

Ein Zimmer wurde vermietet an einen Junggesellen, der mußte auch mitversorgt werden. Man war ja wohl auch aufs Geldverdienen aus, denn wenn man zwölf oder 13 Kinder hat, und das war keine Seltenheit, die futtern ja auch was weg, da mußte schon was rangeschafft werden.

Die Oberschlesier waren schon eine ärmliche Bevölkerung in ihrer Heimat. Sie kannten zwar schon einen Arzt, aber das waren Ausnahmefälle. Außerdem sind sie sehr zäh. Und die ganz alten

Kumpels, das ist auch hier auf der Zeche so, die gehen nur zum Arzt, wenn sie den Kopf unterm Arm tragen.

Es gibt heute noch viele alte Frauen aus der ersten Einwanderungswelle, die im Leben keinen Arzt gesehen oder erst im hohen Alter kennengelernt haben. Sie kannten das nicht. Sie haben sich selbst geholfen, mit Hausmitteln zum Beispiel. Und wenn sie schwanger waren, dann kam eben nur die Hebamme.

Daß die Frauen früher stabiler waren als die heutigen, glaube ich noch nicht mal, denn die wurden ja auch nicht älter als heute die Frauen. Es gab aber auch Bergmannsfrauen, die viele Kinder hatten und die über 80 Jahre alt geworden sind.

Aber die Lebenserwartung ist ja eigentlich heute gestiegen. Die Leute waren früher auch nicht gesünder, nur die Einstellung zum eigenen Körper und zum normalen Leben hat sich geändert.

Bei den Bergleuten kann man sicher sagen, daß sie heute gesünder sind, denn die Pest der Bergleute, die Silikose, ist heute weniger geworden. Ich hatte damals alleine 80 bis 90 Silikotiker zu betreuen, die zwischen 50 und 100% lagen.

Durch die modernen Abbaumethoden ist ja die Kohlenstoff-Absonderung weitgehend abgefangen, so daß ich sagen muß, der Kumpel vor Ort ist eigentlich heute gesünder als vor 50 Jahren.

"Meistens war die Oma die brauchbarste Person ..."

Die Hebammen waren Persönlichkeiten, das waren so "Graue-Panther-Typen". Sie waren sehr energisch, und übernahmen in so einer Familie, da habe ich oft geschmunzelt, richtig das Kommando: Mach du mal Feuer, mach du mal heißes Wasser und so. Alles, was dazugehörte, das dirigierten sie und spannten jeden vor ihren Wagen. Wenn sie von der Familie einen brauchbar fanden, dann kriegte der eine Aufgabe. Und die spurten natürlich alle, denn sie standen ja irgendwie unter Dampf und unter dem Eindruck, was sich da jetzt tat.

Meistens war die Oma die brauchbarste Person. Sie kannte den Laden, und sie wußte genau, wie das alles vor sich ging. Die Männer sind da im allgemeinen nicht so brauchbar. Die kommen ins Schwitzen, und dann machen sich Mitleidsgefühle und alle möglichen anderen Emotionen breit. Da sind sie nicht mehr für sachliche Dinge zu gewinnen. Sie haben dann Dinge getan, die zwar gut gemeint

sind, aber der Sache wenig dienlich waren. Aber es kam natürlich auch schon mal vor, daß der Ehemann mit eingespannt werden konnte.
Früher war es selbstverständlich, daß man als Hausarzt und praktischer Arzt auch Geburtshelfer war. Aber während der Schwangerschaften gingen die Frauen eigentlich nur zum Arzt, wenn sie Beschwerden hatten. Normalerweise machten das die Hebammen. Diese betreuten die Schwangeren und bereiteten die Geburt vor, und dann wurde die Geburt zu Hause durchgeführt. Nur wenn schwere Komplikationen eintraten, die über die Kompetenz des Hausarztes hinausgingen, kamen die Frauen ins Krankenhaus. Aber wenn alles normal verlief, wurde der Hausarzt erst dann geholt, wenn es losging, wie man so schön sagt.

"Aber sonst hatten wir keine Hilfsmittel ..."

Wir hatten so eine Faustregel. Wenn die Wehen alle zehn Minuten kamen, wurde der Arzt gerufen. Dann kam er, blieb eine halbe Stunde da, und dann sah er, ob die Geburt vorangeht oder konnte abschätzen, wie die Sache lief. Wenn die Wehen nicht so ganz kräftig waren, dann hat man vielleicht ein bißchen nachgeholfen. Aber so manuell machte das die Hebamme. Sie versorgte dann auch das Kind. Die Hebammen hatten so einen bestimmten Sensus dafür, wie lange eine Geburt dauerte. Sie hatten ja große Erfahrungen, und meistens trafen die Angaben auch zu.
Der Arzt wurde erst wieder gerufen, wenn das Köpfchen sichtbar wurde. Dann blieb er da. Und das ging dann so vor sich: Die Hebamme hatte das Bett richtig gestellt, so daß man von allen Seiten rangehen konnte. Sie hatte dann auch schon eine Wanne stehen, wo heißes Wasser reinkam. Dann wurde also der Frau gut zugeredet. Wir hatten ja keine Hilfsmittel, um die Geburt zu erleichtern. Wir konnten wohl, wenn die Frau sehr erschöpft war, eine Spritze geben, daß die Wehen sie für eine halbe Stunde nicht so strapazierten. Aber sonst hatten wir an sich keine Hilfsmittel, um sie von den Schmerzen zu befreien. Wir hatten auch Spritzen, um die Wehen zu verstärken, das wohl. Das heißt, wir konnten nur Einfluß auf die Wehentätigkeit nehmen, aber mehr auch nicht.
Es war wohl so, daß wir ihr in der letzten Phase so ein bißchen Chloräthyl auf die Nase träufelten. Aber das wurde eigentlich nur

Kinderzimmer

Zur Einrichtung eines Kinderzimmers gehören: das Kinderbett, ein Wickeltisch, der am besten mit dem Wäscheschrank des Kindes kombiniert ist, ein Tisch, zwei bis drei Stühle, das Bett der Amme oder Wärterin, deren Schrank, die Badewanne des Kindes, ein hermetisch verschließbarer Eimer für die verbrauchte Kinderwäsche und ein Nachttöpfchen mit hermetisch abschließbarem Deckel.

Statt des Bettchens war früher im Kinderzimmer immer eine Wiege anzutreffen. Dieses Möbel ist brackiert worden, weil das Schaukeln die Blutzirkulation im Gehirn stört und der dadurch allerdings leichter herbeigeführte Schlaf durch eine Art Betäubung entsteht.

Ganz kleine Kinder brauchen eigentlich noch kein Bett, sondern schlafen im Kinderwagen. Das Bett wird erst notwendig, sobald sie anfangen, sich selbständig aufzurichten, und daher Gefahr laufen, aus dem Wagen zu fallen. Am besten sind Eisenbetten, deren Wände aus Schnurnetzen bestehen. Vorhänge oder Baldachine am Bettchen sind zu vermeiden, denn der Säugling verbringt fast den ganzen Tag im Bette und erleidet bei stetigem Abschluß der Luft eine chronische Kohlensäurevergiftung. Zum Schutze gegen Insekten kann man Bett und Wagen zeitweilig mit Mousseline überdecken.

Am besten wird das Kinderbett frei im Zimmer aufgestellt, möglichst weit ab von Fenster, Tür und Ofen. Matratze und Kopfkissen werden mit Seegras oder Roßhaar gefüllt. Zur Bedeckung des schlafenden Kindes genügen in der warmen Jahreszeit leichte Decken aus Baumwolle, während im Winter gestrickte wollene oder Flanelldecken gebraucht werden.

Wo die Mittel für die Anschaffung eines Kinderbettes fehlen, kann als Lager des Säuglings zweckmäßig ein geflochtener Korb hergerichtet werden, der von zwei Stühlen getragen wird. Was den Wickeltisch angeht, so kann er in unbemittelten Familien durch einen einfachen Tisch ersetzt werden, auf den eine Matratze oder eine Decke gebreitet wird. Auch der hermetisch schließbare Eimer zur Aufnahme von verschmutzter Wäsche läßt sich umgehen, indem man die Wäsche sofort nach ihrer Verunreinigung aus dem Zimmer entfernt.

U. Hippius, Der Kinderarzt als Erzieher, 1909

gemacht, wenn es ganz kritisch war. Meistens war die Oma dabei oder eine Schwester und hat die Hände gehalten. Mit der Frau selbst konnte man ja auch reden, und das war auch manchmal sehr wichtig. Für die Mutter ist es - vor allem bei der ersten und zweiten Entbindung - doch ein Schock.

Ich habe dann manchmal so ein paar Späße mit denen gemacht. Frau Sowieso, beim ersten Mal war es ein bißchen hart, nächstes Mal geht es schon leichter. Ne, ne, Herr Doktor, um Gottes Willen, ne! Da haben sie alle abgewehrt, aber nach ein paar Wochen dachten sie schon wieder anders. Da hatten sie Spaß an dem Kind und so. Na ja, und wenn das Köpfchen durch war, dann waren ja meist nur noch ein, zwei Wehen nötig, dann ist der ganze Körper draußen. Und dann wurde das Kind abgenabelt und versorgt, dann hatten wir erst mal etwas Luft.

Dann mußte nach 20, spätestens nach 30 Minuten die Nachgeburt kommen. Wenn das nicht funktionierte, und deswegen blieb der Arzt auch da, hat er eingegriffen. Das mußte man sehr sorgfältig machen, damit nichts zurückblieb und keine größere Blutung entstand.

Und dann gab man eine Spritze, daß sich die Gebärmutter wieder zusammenzieht, und damit war für den Arzt die Aufgabe eigentlich schon erledigt.

Das Kind wurde dann noch mal angeguckt, ob alle Gliedmaßen in Ordnung waren, es wurde noch mal gemessen und gewogen. Es gab da bestimmte Kriterien, die für die Reife eines Kindes sprechen. Und dann hat man der Frau noch bestimmte Anweisungen gegeben und hat am nächsten Tag noch einmal vorbeigeschaut.

"Damals kannte man noch ein Wochenbett ..."

Ich habe auch viele Fehlgeburten erlebt. Es war damals so in den Jahren, bevor die Änderung eintrat, also so um 1965, daß die Frauen, die eine Fehlgeburt hatten, im wesentlichen zu Hause behandelt wurden. Es war dann so, daß entweder der Arzt oder die Hebamme gerufen wurde, und die haben sich dann wechselseitig informiert. Die Frauen, die sind ja manchmal recht unerfahren, vor allem wenn sie gleich mit einer Fehlgeburt anfangen. Die operative Behandlung einer Fehlgeburt wurde damals unter den einfachsten Mitteln, die die häusliche Umgebung gestattete, vorgenommen.

Wickeln

In der zweiten Hälfte des 18. Jahrhunderts geriet das jahrhundertealte Wickeln in den Mittelpunkt der Kritik. Als Embryo war das Kind, so schrieb Rousseau mitleidsvoll, "weniger eingezwängt und gefesselt als im Wickel. Ich sehe nicht ein, was es durch seine Geburt gewonnen hat." Mehr an Fesseln als an Pflegen erinnert die folgende Beschreibung in der Tat: Die Amme "streckt den Säugling auf einem Bett oder einer Strohmatratze aus und zieht ihm ein kleines Hemd oder eine grobe zerknitterte Windel an, über die sie die Wickelbänder anzulegen beginnt. Sie drückt die Arme des Säuglings gegen die Brust, zieht dann das Band unter den Achselhöhlen durch, wobei die Arme fest an ihren Platz gedrückt werden. Immer herum und immer enger wickelt sie das Band bis hinunter zum Gesäß, wo sie die Windel zwischen die Oberschenkel des Säuglings drückt und dann die kleinen Geschlechtsteile mit dem großen Wickeltuch umhüllt. Sie wickelt es bis ganz hinunter zu den Füßen und bedeckt nach dieser gründlichen Arbeit den Kopf des Babys mit einer Haube, bereitet darüber ein Kopftuch, das bis zu den Schultern herabhängt, und befestigt es mit Nadeln. So sieht das Wickeln eines Babys aus." Wenzel Holek, ein Sohn böhmischer Wanderarbeiter, 1864 geboren, erinnert sich an die Pflege seiner kleinen Schwester und die noch in seiner Jugend verbreitete Erklärung dafür. Die Mutter besorgte selbst das Einwickeln der Schwester. "Sie packte dann das Würmchen in Windeln und Federbetten ein, zog das Wickelband so fest an, daß das arme Wesen wie eine Holzpuppe dasaß. Wie oft dachte ich nicht schon über diese geistige und körperliche Erziehungsmethode der Mutter nach, wie auch mir mag im Leibe und Gliedern gewesen sein, wenn ich so geschnürt stundenlang dalag, wie ich mich wohl auch nicht rühren und strecken konnte, bis ich dann meiner Fesseln befreit wurde. Heute möchte ich so etwas an mir nicht erproben wollen, da hätte ich doch Angst, daß mein Körper verkrüppelt würde, trotz der Hut Gottes. Die Menschen damals hatten eine andere Ansicht, nämlich die, daß der Mensch auf diese Art gerade und gesund gehalten wird."
aus: Ingrid Peikert, Zur Geschichte der Kindheit, 1982

Anschließend wurden die Frauen mehrere Tage ins Bett gelegt, bis sich die Situation wieder beruhigt hatte. Es war ja auch damals noch so, daß man ein häusliches Wochenbett kannte, in dem die Frauen auch nach einer normalen Geburt die vorgeschriebene Zeit von zehn bis zwölf Tagen zubrachten.

Natürlich gab es auch Ausnahmen. Viele Frauen, die im häuslichen Bereich oder im Geschäft unentbehrlich waren, verkürzten selbst diese Zeit auf ein Mindestmaß. Dadurch ist manche Embolie - so kann man es im Nachhinein sehen - verhindert worden.

"Da kam eins nach dem anderen ..."

Die moderne Familie, wenn man das so sagen darf, hat auch etwas für sich. Früher war es einfach ganz selbstverständlich, daß die Frau ihren Beruf in Haushaltsführung, Kinderkriegen und Kinderversorgung sah, während heute die berufstätige Frau mit Recht sagt, hör mal, mein Lieber, wir leben in einer Partnerschaft, und jetzt wird das auch gemeinsam gemeistert.

Es war nicht üblich, daß sich die Männer früher an der Pflege der Kinder unmittelbar beteiligten. Wenn diese etwas größer waren, so ein Jahr, dann sagte man, jetzt kann der Mann schon ein bißchen was damit anfangen. So ein paar Mätzchen machen oder mal ans Händchen nehmen. Aber heute versorgen die Männer ja regelrecht die Kinder mit, gehen mit dem Kinderwagen spazieren.

Ich hab mal eine Frau gefragt, die so viele Kinder hatte, wann fahren sie denn eigentlich in Urlaub. Urlaub, das kannte die überhaupt nicht. Und dann fragte ich, haben Sie denn mal frei. Nein, frei hat sie auch nicht. Dann sagte sie, die einzige Erholungspause ist für sie eigentlich das Wochenbett. Dann ist sie mal richtig für sich, kann mal ein paar Tage ausspannen.

Und eine andere Patientin, die auch so sieben oder acht Kinder hatte, kam zu mir in die Sprechstunde, weil wohl wieder etwas unterwegs war. Ich fragte, wann war denn die letzte Regel. Ja, sagte sie, vor ungefähr acht Jahren. Sie hatte also nicht mal eine Regelblutung zwischendurch. Da kam halt ein Kind nach dem anderen. Ich erinnere mich an eine weitere Familie, die hatte eine Schreinerei, und die bekam das dreizehnte Kind. Und da hab ich dem Mann so spaßeshalber gesagt: Also hör mal, mein Lieber, wollen Sie das nicht abgeben. Jetzt haben Sie doch schon ein Dutzend. Nöh, nöh,

Heiserkeit

Bei Kratzen im Hals, Halsschmerzen und Heiserkeit ist Ableitung auf die Füße durch ansteigende Fußbäder günstig; die Beine werden bis zur Wade in einen Eimer mit lauwarmem Wasser getaucht, das durch stetige Zugabe von heißem bis auf 40 Grad erwärmt wird. Auch kalte Wickel um die Füße (Essigstrümpfe) oder Waden tun ihre Wirkung. Zur örtlichen Behandlung empfehle ich heiße Kompressen auf den Kehlkopf oder auch einen Halswickel, der in heißem Pflanzenöl getränkt ist; zuerst das ölgetränkte Leinentuch so heiß, wie es vertragen wird, um den Hals legen, dann ein trockenes Tuch und zum Schluß einen Wollschal darüberbinden.

Gurgelwasser, das man aus Brombeerblättern selbst zubereiten kann, unterstützt bei mehrmaliger Anwendung die oben beschriebenen Maßnahmen; etwa 100 Gramm werden mit 1 Liter Wasser eine Viertelstunde lang gekocht. Den Absud sollte man dreimal täglich gurgeln.

Lindernd wirken auch Spülungen mit verdünnter Arnikatinktur (10 Tropfen auf 1 Glas Wasser); und wohltuend ist schließlich ein Aufguß von 15 Gramm Pimpernelle-Wurzeln auf 1/2 Liter Wasser, mit dem man mehrmals am Tag gurgeln kann.

Heiserkeit und Halsschmerzen beugt man wie allen Erkältungskrankheiten am besten durch Abhärtung vor. Sie stellt sich ganz von selbst ein, wenn man sich an regelmäßiges Wassertreten, Gymnastik am offenen Fenster und im besten Fall sogar Barfußgehen im Schnee gewöhnt.

Schwester Bernardines Hausmittelbuch, 1982

hat der abgewinkt, das will ich auch noch haben. So war das eben früher. Und die Frauen von Selbständigen hatten damals keinen Mutterschutz, sie hatten gar nichts. Sie versorgten bis zum letzten Tag, wo es möglich war, das Geschäft, und drei Tage nach der Geburt standen sie wieder hinter dem Ladentisch.

"Das hätte mich auch in Verlegenheit gebracht ..."

Das Vertrauensverhältnis zum Arzt bestand unbedingt, aber die Familienplanung war eigentlich ein bißchen ausgegrenzt. Darüber haben sich die Frauen, glaube ich, auch gar keine Gedanken gemacht. Das ist bedingt durch die Tradition, in der sie erzogen worden sind. Die hat die Frauen anders geformt als heute. Die ganze traditionelle Einstellung aus ihrer Erziehung heraus war doch mehr darauf ausgerichtet, daß möglichst viele Kinder kamen und sie sich im wesentlichen um Kindererziehung, Haushalt und so weiter kümmerten.

Dann kommt meiner Meinung nach noch eins hinzu. Unsere Elterngeneration hatte ja zu diesen Dingen aus religiösen Motiven eine andere Einstellung. Sie sagten eben, das ist Gottes Fügung, und das ist von der Frau gesehen ihre Aufgabe, Kinder zu bekommen, und das sind Dinge, in die man auch nicht eingreifen darf. Es ist Sünde, wenn man etwas dagegen tut.

Im Grunde genommen sagt das die Kirche auch heute noch. Da hat sich die Einstellung der Kirche nicht geändert, aber das Kirchenvolk ist ja inzwischen so aufgeklärt, daß sich da keiner mehr dran hält. Aber es ist schwierig, dazu Stellung zu nehmen.

Über dieses Thema wurde in der Praxis eigentlich nicht gesprochen, das war wirklich ein Tabu-Thema. Der Arzt wurde da auch nicht gefordert. Ich erinnere mich nicht, daß mich eine Frau da direkt gefragt hätte. Und das hätte mich auch in Verlegenheit gebracht, denn es gab ja damals noch überhaupt keine Möglichkeit, eine Schwangerschaft zu verhindern. Es sei denn Enthaltsamkeit. Und da hätte sie gesagt, das macht mein Mann nicht mit.

Es war sicher so, daß die eine oder andere Frau gedacht hat, nun ist eigentlich genug. Aber sie war dann auch wieder so schicksalsergeben, und der Einfluß der Kirchen war ja auch immens stark. Und bei der katholischen Kirche war das hier im gesamten Ruhrgebiet doch besonders ausgeprägt.

Den Ehemann zur Seite nehmen und zu sagen, jetzt ist Schluß, wenn schon das zwölfte oder dreizehnte Kind da ist, das hätte ich mir nicht zugetraut. Ja, was soll ich denn machen, hätte der doch gefragt. Anti-Baby-Pille gab es noch nicht, Knaus-Ogino war auch noch nicht so bekannt, und eine Freundin nehmen, konntest du ihm auch nicht raten. Nur: Dann schließ dich ein in dein Kämmerlein. Aber das hätte er auch nicht mitgemacht.

Sie war schon schwierig, die Situation. Da haben wir uns als Ärzte auch keine Gedanken drüber gemacht. Es sei denn, die Frau war krank. Wenn ein offensichtlicher krankhafter Befund vorlag, eine Blutkrankheit, eine Leber- oder Nierenerkrankung, dann sagte man, eine weitere Schwangerschaft würde das Leben der Frau gefährden.

Dann nahm man sich den Ehemann vor und sprach mit ihm. Aber normalerweise nicht. Ob die noch ein Kind haben wollten oder nicht, das sollten sie selbst entscheiden. Heute entscheiden sich die Eheleute ja auch selbst, nur daß sie jetzt eine andere Wahl treffen. Und heute kann man ja diese Dinge auch ganz offen aussprechen, auch in der Praxis.

"Man sollte diese Entwicklung bejahen ..."

Die Verhältnisse vor dem Krieg bis etwa 1965 waren ähnlich, was die Betreuung von Schwangeren angeht. Die Schwangerschaftsvorsorge gibt es eigentlich erst seit 1965, als die Krankenkassen die Kosten übernahmen. Vorher waren regelmäßige Untersuchungen nicht üblich. Es war also so, daß die Betreuung der Schwangeren nach Auffassung der Ärzte doch nicht so war, wie es im Höchstmaße für die Sicherheit des Kindes und der Mutter erforderlich war. Man hat also nach Wegen gesucht, den Müttern zu helfen und die ganze Situation auch irgendwie zu systematisieren. Und dabei ist man auf den Mutterpaß verfallen. Der Mutterpaß gibt also vor, daß in bestimmten regelmäßigen Abständen die Untersuchungen während der Schwangerschaft gemacht werden. Ärzte im Ruhrgebiet haben den entwickelt, und wir haben das auch sehr schnell übernommen. Inzwischen gibt es den Mutterpaß bundesweit. Es ist wohl auch so, daß die meisten Mütter davon Gebrauch machen.

Seit 1963 wird auch der Krankenhausaufenthalt von der Krankenkasse übernommen. Früher mußte das privat bezahlt werden, da

wurde für normale Geburten nichts übernommen. Seit diesem Zeit-
punkt hat sich die Geburtshilfe aus der Wohnung in die Kranken-
häuser verlagert.

Früher war alles mehr sporadisch und intuitiv. Da wurden die Kinder
gar nicht bewußt gezeugt. Das gehörte einfach dazu, und da hat
sich keiner wesentlich Gedanken gemacht. Aber das ganze Leben
ist ja heute bewußter geworden.

Heute ist der Trend zur Großfamilie gleich null. Zwei Kinder, drei
Kinder mit Bewußtsein angenommen, das wird noch von vielen
jungen Leuten angestrebt. Höchstens noch bis zu vier Kindern, aber
darüber hinaus ist es doch eine Seltenheit.

Aber man kann eben heute durch diese Verhütungsmittel, sage ich
mal ganz allgemein, die Familienplanung steuern. Das war früher
nicht so der Fall. Jetzt wird geplant, und es werden Überlegungen
angestellt, was die Zukunft der Kinder betrifft. Im ganzen gesehen
sollte man diese Entwicklung bejahen.

Zechenkindergarten

In der Zechensiedlung (um 1910)

Die Kindergärtnerin

"Es war damals viel in der Entwicklung ..."

Als die Siedlung gebaut wurde, das war so um 1904, hat die Zeche gleichzeitig eine Bewahranstalt beziehungsweise Kleinkinderschule eingerichtet. Es kamen ja viele Bergleute aus dem Osten, und deren Kinder konnten dort die deutsche Sprache spielerisch erlernen, damit sie es später in der Schule leichter hatten. Es gab meines Wissens noch nicht das pädagogische Konzept, wie wir das im Kindergarten hatten, aber Kreisspiele oder ähnliches werden die Kinder wohl auch mal gemacht haben.

Die Kinder trugen alle Wachstuchschürzen. Vielleicht, damit sie sich nicht dreckig machten oder die Kleidung geschont wurde; ich weiß es nicht so genau. In einem großen Saal mit langen Bänken wurden die Kinder verwahrt, und viel mehr als ein paar Bauklötzchen gab es an Spielzeug auch nicht. In einem kleinen Anbau waren die Toiletten. Die Kinder hatten so runde kleine Schüsseln, da wurde dann das Wasser eingefüllt, damit sie sich die Hände waschen konnten.

Neben der Bewahrschule hat die Zeche eine Badeanstalt errichtet. Die ist eingerichtet worden für die Menschen aus der Siedlung. Die Männer hatten ja auf der Zeche ihre Waschkaue, aber in den Wohnungen selbst gab es kein fließendes Wasser. Das kam erst in den dreißiger Jahren. Und wie sollten die Leute das Badewasser da ranschleppen? Es gab nur die Wasserstellen an den Straßenecken. Es mußte jeder Tropfen in Eimern angeschleppt werden - auch bei Eis und Schnee. Jede Familie hatte eine sogenannte Wasserbank im Haus, wo immer ein Vorrat in Eimern stand. Das war mühselig. Vor allem das Wäschewaschen, das war eine Strafe für die Frauen.

In der Badeanstalt hatte die Zeche einen Bademeister angestellt. Der regierte dort froh und heiter und - wenn es sein mußte - auch mal streng. Er hatte ganz schön zu tun, denn oft mußte er die übermütigen Burschen zurückweisen. Die Mütter mit ihren Kindern konnten hierhin kommen und für ein paar Pfennige baden. Es gab richtige Kabinen mit Wannen und Duschen. Das war schon eine große Erleichterung für die Familien.

Die Bergwerksgesellschaft hat für ihre Mitarbeiter viel getan, besonders für deren Kinder. Und die Herren waren für neue Ideen

und Anregungen immer sehr aufgeschlossen. Es war damals viel in
der Entwicklung.

"Der Kindergarten war das Aushängeschild ..."

Eine meiner Vorgängerinnen hat aus der Bewahranstalt den Kin-
dergarten gemacht. Die Idee des Kindergartens geht auf den großen
Schweizer Pädagogen Friedrich Fröbel zurück. Fröbel wollte, daß
die Kinder nicht nur verwahrt wurden, sondern daß sie gepflegt
werden wie die Blumen in einem Garten.
Es genügte ihm nicht, daß sie ein paar Bauklötze in die Hand
bekamen, sondern er entwarf eigene Bausteine. Die Kugel, die
Walze und den Würfel - aus diesen Grundformen hat er weiteres
Beschäftigungsmaterial entwickelt.
Als ich 1933 als Kindergärtnerin eingestellt wurde, habe ich die
Arbeit meiner Vorgängerin weiterentwickelt. Ich habe damals in
meiner Ausbildung viel von der Pädagogin Maria Montessori mit-
bekommen. Und Maria Montessori wollte ja auch keine Anstalt für
Kinder, sondern ein Kinderhaus, was ähnlich konzipiert war wie
das Elternhaus; ein Haus, in dem die Kinder sich wohlfühlen.
Und wir hatten ja so ein richtiges Kinderhaus. Wir hatten oben und
unten Räume, wir hatten den großen Saal zum Turnen, Singen und
Feiern; wir hatten draußen Sandkästen, eine große Wiese, ein Ka-
russell und sogar einen Garten, in dem jede Gruppe ihr eigenes
Beet bepflanzen konnte. Später habe ich dann noch den Dachbo-
den ausbauen lassen. Dadurch bekamen wir noch zusätzliche Grup-
penräume hinzu, die sehr gemütlich waren.
Die Zechen hatten ja eigene Werkstätten, und wenn ich dann wieder
eine Idee hatte, das Haus zu verbessern oder zu verschönern, stellte
ich einen Antrag an die Zechenverwaltung. Und die konnte den
Kindern überhaupt nichts abschlagen. Es wurde wirklich immer
alles mit Freude genehmigt.
Der Kindergarten war auch ein Aushängeschild für die Zeche und
irgendwie auch der Mittelpunkt in der Siedlung. Die Kinder kamen
ausschließlich aus Familien von Zechenangehörigen. Überwiegend
waren es Arbeiterkinder, aber auch Kinder von Angestellten und
Steigern. Und alles war umsonst: der Kindergarten, die Milch zum
Frühstück, die Geschenke zu Weihnachten und was sonst alles noch
so gemacht wurde. Das hat alles die Zeche gezahlt.

Es waren ungefähr 120 Kinder dort, mal mehr, mal weniger. Wir
waren mit vier ausgebildeten Kindergärtnerinnen, und jede hatte
noch eine Helferin. Dadurch konnten wir uns intensiv mit den
Kindern beschäftigen.
Die Elternarbeit sah etwas anders aus als heute. Es gab zum Beispiel noch keinen Elternrat. Wenn die Mütter etwas zu besprechen
hatten, dann kamen sie zu uns. Und wenn wir helfen konnten,
haben wir das dann auch getan.
Die Mütterabende, die wir veranstaltet haben, ergaben sich aus der
Arbeit heraus; genau wie die Informationsnachmittage oder die Aus-
stellungen zu bestimmten Themen. Wir haben auch Großmütter-
chen-Abende durchgeführt. Später haben wir dann die Großväter
auch eingeladen.
Im allgemeinen war es aber so, daß sich überwiegend die Mütter
um die Kindergartenbelange gekümmert haben. Wir haben zwar
auch mal versucht, die Väter mit einzuspannen, zum Beispiel beim
Laternenbasteln, aber die haben das dann lieber zu Hause gemacht.

"Da rissen die sich drum, wer denn heute spülen darf ..."

Der Kindergarten war von acht bis eins geöffnet. Wenn die Kinder
morgens kamen, haben sie erst mal ihre Garderobe aufgehängt.
Jedes Kind hatte ein bestimmtes Motiv an seinem Kleiderhaken. An
dem hingen auch die Beutel mit Pantoffeln. Die haben sich die
Kinder dann angezogen und gingen in ihre Gruppe. Sie durften
sich dann das Spielzeug holen, womit sie gerne spielen wollten.
Und wenn dann alle Kinder da waren, war auch die Zeit gekommen, daß alle zur Toilette mußten. Sie haben sich dann hinterein-
ander aufgestellt, und singend sind wir dann in den Waschraum
marschiert. Der war inzwischen von der Zeche neu eingerichtet
worden, genau wie die Wasserstellen in jedem Gruppenraum. Und
wenn dann alles erledigt war, sind wir wieder singend in den Gruppenraum zurückgezogen.
Wir haben dann ein Morgenlied gesungen und ein kurzes Gebet
gesprochen, anschließend wurde gemeinsam gefrühstückt. Ich habe
immer darauf geachtet, daß die Kinder den Tisch schön deckten.
Wir hatten buntes Geschirr aus Bakelit, jede Gruppe hatte ihre
eigene Farbe. Die Kinder brachten ihre Bütterchen mit, und die

Kindergarten

Die Entwicklung läßt sich aus mehreren historischen Ansätzen herleiten: aus der Armenerziehung des 18. Jahrhunderts, aus den Initiativen zur Versorgung von Kindern berufstätiger Mütter im Zuge der frühen Industrialisierung, aus der pädagogischen "Entdeckung" der frühen Kindheit in der Nachfolge Rousseaus, aus den ersten sozialpädagogischen Analysen des Industriezeitalters.

Nach Vorformen in Bewahranstalten, Kleinkinderschulen, katechetischen Schulen, besonders auch englischen Einrichtungen, wurde in Friedrich Fröbels Entwicklung des "Kindergartens" eine erste pädagogisch durchdachte Institution geschaffen, deren grundlegende Schriften für die internationale Entwicklung eine klassische Bedeutung erhielten.

Fröbel hat, auf der Grundlage der pestalozzischen Pädagogik und seiner Theorie der Kindesentwicklung, einmal eine Lehre von den frühen Sozialkontakten des Kindes entwickelt; zum anderen eine Theorie des Kinderspiels als des eigentlichen Mediums der kindlichen Aktivität, der Weltdeutung und des symbolischen Ausdrucks; und schließlich eine Theorie und Programmatik des Kindergartens als eine Institution angeleiteter und sozial vermittelter Welterfahrung für kleine Kinder.

Auf der Grundlage dieser Theorie hat sich der Kindergarten als eine meist freiwillig besuchte und von freien Trägern angebotene Einrichtung der Früherziehung in der ganzen Welt ausgebreitet. Neben der Orientierung an der Fröbelschen Theorie des Kinderspiels und der Frühförderung sind andere Modelle und theoretische Einflüsse wirksam geworden, insbesondere die von Maria Montessori.

Christoph Wulf, Wörterbuch der Erziehung, 1974

Kindergärtnerin hat die Milch ausgeteilt. Wir hatten eine kleine Küche mit einem Kohleofen, und eine Kindergärtnerin hatte immer die Aufgabe, den Herd zu schüren, bis die Milch heiß wurde.
Nach dem Frühstück haben die Kinder das Geschirr gespült. Wenn wir fragten, wer darf denn heute spülen, da rissen die sich drum und freuten sich über die kleinen bunten Schürzen, die sie dann tragen durften.

"Manchmal ging ihnen die Phantasie durch ..."

Die Spiele haben wir überwiegend der Jahreszeit angeglichen. Wir hatten ja gutes Beschäftigungsmaterial. Ich bin damals extra nach Holland gefahren, um mich in einem großen Montessori-Haus zu informieren. Es waren Beschäftigungsmittel, die die Kinder anregten, wodurch sie lernen konnten, sich selber etwas zu erarbeiten.
Wir haben auch regelmäßig mit den Kindern geturnt, manchmal barfuß, um Deformationen an den Füßen vorzubeugen. Anschließend sind wir in den Keller marschiert. Wir hatten dort eine Brause, und da konnten sich die Kinder die Füße waschen und trockenreiben. Das war natürlich immer eine große Freude.
Eine Verkleidungskiste hatten wir auch, mit allerhand Hüten, Taschen und sonstigen Schätzen. Kreisspiele wurden gemacht, oder es wurde gemalt, oder wir haben Lieder eingeübt. Wir hatten Triangeln, Glöckchen und andere Orff'sche Instrumente. Im großen Saal hatten wir sogar ein Klavier stehen. Und manchmal kam eine alte Dame zu uns. Sie konnte viele Gedichte auswendig und hat die den Kindern vorgetragen.
Wir hatten im Garten große Sträucher mit Rhabarber, und den haben wir mit den Kindern geputzt, geschnitten und gekocht. Den Zucker haben wir von der Zeche bekommen.
Mit der Gruppe, die bald zur Schule kam, haben wir einen Ausflug in den Wald gemacht. Dort wurde dann auch gefrühstückt. Auf einmal hingen an einem Baum Dauerlutscher. Und da ging die Phantasie mit den Kindern durch: Das ist bestimmt vom Hexenhäuschen! Oder eine Kindergärtnerin hat sich mit Schleier und Krönchen verkleidet und ist durch den Wald gelaufen. Die wurde von den Kindern als die gute Märchenfee angesehen. Noch lange Zeit danach haben die Kinder davon gesprochen und phantasievolle Bilder dazu gemalt.

Zu einem ordentlichen Hausstande sind

a. unbedingt nothwendig:	b. wünschenswerth:
auch bei den beschränktesten Mitteln.	noch zu dem unter a. Aufgeführten.

I. Möbel.

	M.	Pf.
1. Ein Tisch für's Wohnzimmer	10	—
2. Ein kleiner Tisch . . .	6	—
3. Vier Stühle	6	80
4. Eine Bettlade	19	—
5. Eine Kommode . . .	24	—
6. Ein Küchenschrank . .	12	—
7. Ein Ofen mit 2 Löchern	36	—
8. Eine Kesselbank . . .	2	50
9. Ein Wandbrett . . .	2	—
10. Ein Kleiderbrett . . .	2	20

II. Küchengeräthe.

	M.	Pf.
1. Ein Kohlenbecken mit Löffel	3	—
2. 2 Ofenringe und Stocheisen	2	20
3. Ein Wasserkessel . . .	7	—
4. Zwei eiserne Kessel . .	3	40
5. Eine Kuchenpfanne . .	2	—
6. Zwei irdene Kochtöpfe .	—	80
7. Vier steinerne Töpfe .	1	—
8. Ein irdener Durchschlag .	—	30
9. Ein steinerner Wasserkrug	2	—
10. Schüssel und Teller . .	4	—
11. Messer, Gabeln und Löffel	4	—
12. Kaffekanne, Tassen, Gläser	5	—
13. Eine Kaffemühle . . .	2	50
14. Eine Petroleumlampe .	2	50
15. Zwei Eimer und 2 Bütten	7	—
16. Haarbesen, Schrubber, Bürsten	4	—
17. Zwei Gemüsetonnen . .	4	—
18. Ein Bügeleisen mit Bolzen	8	—

III. Bettzeug und Wäsche.

	M.	Pf.
1. Strohsack u. Unterbett von Flocken	20	—
2. Kissen u. Pülven v. Federn	15	—
3. Oberbett von Flocken .	15	—
4. Bettdecken	10	—
5. Drei Paar Leintücher .	18	—
6. Drei Paar Ueberzüge .	8	—
7. Tisch und Handtücher .	6	80
8. Verschiedene kleinere Sachen	4	—
Mark	**280**	**—**

I. Möbel.

	M.	Pf.
1. Ein Sopha	45	—
2. Vier bessere Stühle . .	24	—
3. Ein Glasschrank . . .	30	—
4. Ein Kleiderschrank . . .	36	—
5. Ein Waschtisch	10	—
6. Eine Nachtkommode . .	8	—
7. Ein Spiegel	6	—
8. Eine Wanduhr . . .	10	—
9. Ein Küchenheerd . . .	45	—
10. Eine Anricht	18	—

II. Küchengeräthe.

	M.	Pf.
1. Ein Suppenkessel . . .	4	10
2. Ein Bratkessel	1	50
3. Ein Kaffeebrenner . .	3	—
4. Ein Blechsieb	3	—
5. Eine Kartoffelreibe . .	—	50
6. Gewürzdosen	2	—
7. Salzmörser	1	—
8. Ein Kaffeeservice . .	10	—
9. Schüssel und Teller . .	20	—
10. Messer, Gabeln und Löffel	9	—
11. Ein Messerkörbchen . .	1	—
12. Eine Zimmerlampe . .	3	—
13. Waschlumpen 2c. . . .	6	—
14. Ein Blecheimer . . .	3	—
15. Waschkörbe	8	—
16. Handstauber und Schaufel	1	50
17. Verschiedene kleinere Sachen	10	—

III. Bettzeug und Wäsche.

	M.	Pf.
1. Eine Sprungfeder-Matratze	27	—
2. Eine Pferdehaar-Matratze	45	—
3. Ein Oberbett von Federn	24	—
4. Bessere Decken	20	—
5. Sechs Paar Leintücher .	36	—
6. Ein halbdutzend Tischtücher	18	—
7. Ein Dutzend Handtücher	7	—
8. Verschiedene kleinere Sachen	4	40
Mark	**500**	**—**

Haushaltungvorschläge für Arbeiterfrauen (1882)

Ich habe meine Ausbildung im Rheinland gemacht, und dort war
der Martinszug eine gebräuchliche Sitte. Hier kannte man das noch
gar nicht. Ich habe mir aus Köln dann die Texte und Lieder zu-
schicken lassen und die mit den Kindern und Müttern eingeübt.
Am ersten Adventstag bekamen die Kinder alle einen Stern mit
einem Tannenzweig nach Hause. Es ist Advent, war hinter einem
kleinen Fenster zu lesen.
In der Weihnachtszeit haben wir manchmal Äpfel gebraten. Wir
saßen mit der Gruppe um den Ofen und warteten darauf, daß die
Bratäpfel gar wurden. In der Zwischenzeit haben wir erzählt und
gesungen.
Und zu Weihnachten bekamen die Kinder dann alle etwas Schönes
geschenkt. Die Ideen hatten wir Kindergärtnerinnen, und die Zeche
hat dann die Materialien zur Verfügung gestellt.
Ich erinnere mich noch, daß wir am Anfang des Krieges Stoff bekommen haben. Das war Kriegsbeute, nehme ich an. Und dann
haben wir gemeinsam mit den Müttern Schürzen genäht für die
Mädchen. Oder wir haben aus Strümpfen Puppen gebastelt. Die
Jungen bekamen einen Zug aus Holz oder etwas Ähnliches.
Man kann wohl sagen, daß die Bergwerksgesellschaft fortschrittli-
chen Gedanken gegenüber immer sehr aufgeschlossen war und
den Kindergarten in jeder erdenklichen Art unterstützt hat.

"Es gab immer wieder gute Geister ..."

Das Verhältnis in der Siedlung untereinander war im großen und
ganzen sehr gut. Es gab wohl auch schon mal Streit, zum Beispiel
wenn jemand einen Spatenstich vom Nachbargrundstück wegge-
nommen hatte. Dann kamen die in den Kindergarten, weil wir ja
ein Telefon hatten, und ich habe bei der Bergwerksgesellschaft an-
gerufen und einen Vermittler bestellt. Die Gärten waren ja lebens-
notwendig für die Leute. Aber es war doch so, daß die Nachbarn
alle geholfen haben, wenn irgendwo Not am Mann war. Und es
wurde auch sehr oft in der Siedlung gemeinsam gefeiert.
Einmal kam mir eine Frau entgegen, die sagte mir, wir haben bis
heute früh gefeiert und auf der Straße getanzt, wir hatten "Feder-
ball". In der Siedlung hatten ja die Leute viele Gänse, und wenn
die Federn gespleißt wurden, haben die Nachbarn mitgeholfen. So
ist ganz spontan ein Fest daraus entstanden.

Oder die Mütter haben sich schon mal getroffen, wenn die Kinder im Kindergarten waren. Dann hatten sie auch mal Zeit für ein Schwätzchen. Der Kaffee war ja knapp in dieser Zeit, so kochten sie Muckefuck, und damit das auch nach Bohnenkaffee duftete, wurden ein paar Bohnen abgezählt und mit reingegeben.

Es gab auch immer wieder gute Geister, die sich um die Familien gekümmert haben. Die Frau des Hauptlehrers zum Beispiel oder eine Lehrerin und auch die Frau des Bergwerkassessors. Sie hat des öfteren eine gute Suppe bringen lassen oder mal eine Familie mit vielen Kindern zu sich eingeladen.

Die Kirche ist erst nach dem zweiten Weltkrieg gebaut worden, aber von der Nachbarspfarre kam früher eine Schwester, die sich sehr um die Familien gesorgt hat. Sie hat zum Beispiel die Mädchen, die keine Arbeit fanden, untergebracht, damit sie den Haushalt lernten. Und bei Krankheit der Mutter oder Arbeitslosigkeit des Vaters hat sie auch geholfen.

Auch die Zeche hat sich um die Familien gekümmert. Erst gab es die sogenannte Wohlfahrtsabteilung, die hieß später Sozialabteilung. Später wurde dann die Werksfürsorge eingerichtet.

Da konnten die Leute hingehen, wenn Not eingetreten war. Wenn die Mutter im Krankenhaus lag, haben sie eine Familienhilfe ins Haus geschickt, damit die Kinder versorgt wurden und damit der Haushalt weiterlief. Dadurch konnte der Mann in Ruhe zur Zeche gehen.

Oder es wurden Kinder und auch Mütter in Erholung geschickt, wenn der Werksarzt das befürwortete. Die Zeche hatte ja schon zu Anfang dieses Jahrhunderts eigene Erholungshäuser.

"Es waren wohl harte Zeiten, aber ..."

Den Kindergarten mußten wir in der letzten Zeit des Krieges schließen. Es wurde uns doch ein bißchen brenzlig, als über Tag auch schon mal Angriffe stattfanden. Die Kinder haben das teilweise im Spiel aufgearbeitet. Sie haben die Schubkarren umgedreht, den Spaten darauf gelegt und Flak gespielt, also Flugzeuge abgeschossen. Und die Mädchen haben sich Armbinden gemacht und Krankenschwester gespielt.

Aber im letzten Kriegsjahr wurden viele Kinder evakuiert. Während dieser Zeit habe ich in der Werksfürsorge gearbeitet. Wir haben in

den einzelnen Anlagen und auch im Kindergarten Nähstuben eingerichtet. Die Zeche hat eine Schneiderin eingestellt, die den
Müttern das Nähen beigebracht hat oder gezeigt hat, wie man aus
alten Sachen neue machen kann, denn es gab ja nichts zu kaufen.
In der letzten Zeit des Krieges ging alles durcheinander. Da war
man mehr im Bunker als anderswo. Einige Familien waren ausge-
bombt. Auch auf dem Hof des Kindergartens waren große Bom-
benlöcher. Nach dem Krieg wurde das sofort in Ordnung gebracht,
und wir konnten die Kinder schon bald wieder zusammenholen.
Wenn ich heute so an die Jahre meiner beruflichen Tätigkeit zu-
rückdenke, hat das Leben in diesem Kinderhaus frohe und glück-
liche Erinnerungen bei mir zurückgelassen. Es waren wohl harte
Zeiten, besonders in den ersten Jahren, aber wir haben sie ganz
gut gemeistert.

Das Kollegium einer Volksschule (um 1920)

Die Lehrerin

"Ich konnte mir ein Leben ohne Schule gar nicht vorstellen ..."

Als ich zur Schule kam, in die erste Klasse, da hieß es:" Fein herauf, dick herunter, fein herauf, Strichelchen drauf." Und das war gar nicht einfach. Aber ich konnte das wohl ganz gut. Da sagte die Lehrerin, Mariechen, setz dich mal dahin, und zeig denen das mal. Schon im ersten Schuljahr mußte ich anderen helfen, fein zu schreiben. Das steckte wohl irgendwie in mir drin, und ich habe selbst gerne gelernt. Und eines Tages kam die Volksschullehrerin zu meinem Vater und sagte, er möchte mich studieren lassen. Ich könnte das wohl.

Ich war die Älteste, aber wir waren zu Hause mit acht Kindern. Mein Vater war der einzige Verdiener in der Familie. Er war Steiger, und die hatten damals auch nicht so viel Geld wie heute.

Sie hatten wohl die Wohnung und die Kohlen frei, aber so ein großer Haushalt kostete ja auch viel Geld.

Wir hatten wohl einen großen Garten, wo auch Gemüse gezogen wurde, und jedes Jahr wurden ein Schwein gezüchtet und ein paar Kaninchen geschlachtet. Aber wir mußten ja auch ordentlich angezogen sein, und die anderen wollten ja schließlich auch etwas werden.

Und früher war das ja so, daß noch Schulgeld bezahlt werden mußte. Das war monatlich ein Betrag von 20 Mark, und das war damals viel Geld. Aber mein Vater hat zugestimmt, und so konnte ich die Ausbildung machen.

Ich ging dann erst auf die Höhere Töchterschule, mußte aber später auf das Oberlyceum. Das war in der Nachbarstadt. Da bin ich dann jeden Tag mit der Bahn hingefahren, und dort konnte ich auch bleiben bis zum Lehrerinnenexamen. Das war keine Universität, sondern eine Art Lehrerinnenseminar. Aber die Ausbildung war sehr gut dort.

Ich war 21 Jahre alt, als ich in den Schuldienst kam, das war 1921. Ich hatte Glück, daß eine Lehrerin, die zeichnerisch begabt war, sich für eine einjährige Weiterbildung angemeldet hatte und ich die Stelle, dieses eine Jahr, schon mal annehmen durfte. Das war gut,

daß ich so dazwischenkam. Wenn man einmal im Schuldienst war, dann blieb man auch. Später wurde ich dann Beamtin.
Von 1921 bis 1969 habe ich unterrichtet, davon mehr als vier Jahrzehnte an einer Schule. Ich hätte ja früher aufhören können, aber ein Leben ohne Schule konnte ich mir gar nicht vorstellen. Ich bin gerne in der Schule gewesen, und wir haben auch viel Freude gehabt. Soviel ich weiß, sind die Kinder auch gerne bei mir gewesen.

"Die kleinen Schulen wurden damals ganz einfach übersehen ..."

Ich habe die erste Zeit während meines Dienstes im Schulgebäude gewohnt. Aber das Gebäude war so schlecht - Wasser im Keller, Plumpsklo hinten am Ende, kein fließendes Wasser -, daß ich mir später eine andere Wohnung genommen habe. In der Schule oben hatte ich nur einen Abfluß in der Wohnung, sonst nichts. Da mußte ich jeden Eimer Wasser aus dem Keller holen.
Im Winter mußte ich sehen, daß ich jemanden bekam, der die Pumpe umwickelte, daß sie nicht zufror. Das kam in strengen Wintern schon mal vor. Dann bin ich nach gegenüber gegangen, da lag ein kleiner Bauernhof, und habe mir Wasser geholt.
Die Gemeinde ließ an dem Haus doch nichts machen. Das Dach war undicht, und dadurch waren die Räume natürlich feucht. Über das Plumpsklo habe ich mich auch einmal beschwert. Dann kam einer von der Gemeinde, machte den Deckel auf und meinte daraufhin, daß das nicht so schlimm sei. Das war die Antwort. Das ließe sich doch heute keiner mehr bieten.
Als ich am Anfang da war, stand im Schulraum noch ein Kanonenofen, mit dem der Klassenraum beheizt wurde. Da habe ich aber gebeten, daß ich den wegkriegte, denn das war ja gefährlich. Später kam dann eine Zentralheizung rein.
Die Kinder hatten noch Bänke. Erst waren noch die ganz langen da, von Abrahams Zeiten, kann man wohl sagen. So ganz alte, lange Bänke, wo fünf Kinder zusammen saßen. Die kamen dann aber weg. Dafür kamen zweisitzige Bänke.
Heute würden sich die Gemeinden selbst dafür einsetzen, daß die Schulen in Ordnung kommen. Aber früher hatte die Schule gar nicht diese Bedeutung gehabt wie heute. Und die kleinen Schulen, die wurden damals ganz einfach übersehen.

"Wir zogen alle an einem Strick ..."

Das ganze Kollegium bestand aus einem Lehrer und mir. Zu diesem
Lehrer hatte ich ein gutes Verhältnis. Er hatte Familie, und ich war
in dieser Familie wie zu Hause. Das war sehr schön. Wir waren ein
Herz und eine Seele, so kann man das wohl sagen.
Wir zogen alle an einem Strick, besonders als die Hitlerzeit kam.
Da mußte man schon aufpassen. Und dieser Lehrer, der war sehr
klug. Wenn er wußte, daß jemand kam, dann hat er sein Parteiab-
zeichen vorne an das Revers gemacht. Und sobald der weg war,
kam das wieder darunter. Wir haben immer darüber gelacht.
In dem kleinen Ort wußte ja jeder über jeden Bescheid. Da gab es
eine Familie, die mit Hitler hielt, und alle wußten es. Die anderen
waren nicht dafür, kein Mensch, keiner. Das war eine traditionell
katholische Gemeinde. Ich kann mich erinnern, daß man ab und
zu bei bestimmten Anlässen gezwungen war, die Fahne zu grüßen.
Da hat sich jeder gedrückt. Das war nicht ungefährlich, denn man
konnte ja angezeigt werden, und dann war man dran.
Aber diese Familie, die stand natürlich an der Straße mit dem "Hitler-
Gruß". Die anderen hielten sich zurück, ich auch. Wenn ich das
eben konnte, machte ich kehrt.
Die hatten damals die Post in dem Ort, und wenn man da hinging,
mußte man "Heil Hitler" sagen. Dann bin ich da nicht mehr hingegangen. Ich bin in die nächste Großstadt gefahren und habe da
meine Post erledigt. Das war verrückt, aber man mußte schon sehr
aufpassen in dieser Zeit. Hinterher, als sie merkten, daß es vorbei
war mit "Heil Hitler", da taten sie schön mit, als wenn nichts gewesen
wäre. Und das war auch das Gescheiteste, was sie tun konnten.

"Ich wollte die Leute kennenlernen ..."

Ein Jahr habe ich an einer Schule in der Stadt unterrichtet, dann
war ich kurze Zeit an einer Schule an der holländischen Grenze,
und später kam ich dann an die Schule, an der ich so lange Zeit
unterrichtet habe. Das war eine kleine Ortschaft im nördlichen Ruhrgebiet, in ländlicher Gegend. Die Leute waren Bauern, aber eben
auch Leute, die sehr einfach leben mußten und auch einfach lebten,
weil sie weiter nichts hatten. Das waren keine Großbauern, sondern
kleine bäuerliche Betriebe. Und wo das nicht reichte, was der Boden

Konferenzprotokolle

12.07.1915: In letzter Zeit ist es vorgekommen, daß Kinder ohne Fußbekleidung zur Schule erschienen. In besonderen Fällen, wenn zum Beispiel der Vater im Felde verweilt, ist das Barfußgehen zu dulden. Sonst ist dagegen anzuarbeiten, damit daraus keine allgemeine Regel gemacht wird.

29.10.1916: Verhaltensmaßregeln gegen feindliche Fliegerangriffe wurden festgelegt, und vom Leiter wurde für die nächste Zeit Probe auf ihre Zweckmäßigkeit in Aussicht gestellt.

08.10.1918: Da nun mehr weit über 100 Kinder in 2 Klassenzimmern die Suppe einnehmen müssen, wurde die Aufsicht und dergleichen geregelt.

25.11.1918: Anordnung: Knaben und Mädchen sollen getrennt auf dem Schulhofe spielen.

03.05.1920: Die Speisung der Kindermission der Quäker aus Amerika soll am 17. Mai beginnen. Es kommen nur unterernährte Kinder in Betracht.

10.06.1920: Wer beschmutzte oder zerrissene Bücher abgibt, wird vom Lesen ausgeschlossen.

02.03.1923: Die Schiefertafeln haben sich in letzter Zeit zunehmend verteuert. Um die Beschaffung von Tafeln unbemittelten und kinderreichen Eltern zu erleichtern, sind an die einzelnen Systeme Tafeln aus Ersatzschiefer verteilt worden.

13.03.1925: Auf Anordnung der Regierung wird ab Ostern in den Unterklassen die Sütterlinschrift eingeführt.

26.01.1933: Der Geschichtsunterricht in Mädchenklassen muß ein anderer sein als in Knabenklassen. Der Knabe hört gern vom Kriege, von großen Waffentaten, das Mädchen weniger gern. Deshalb soll man in Mädchenklassen mehr die Werke der christlichen Liebe zur Nacheiferung bieten.

24.07.1933: Ab heute wird in unserem System der deutsche Gruß eingeführt, der in würdiger Form zum Beginn und Schluß des Unterrichtes zu erfolgen hat.

29.01.1940: Als dringend notwendig ergab sich die Überprüfung der Lehr- und Lernbücher und der Bücherei. Alles, was dem nationalsozialistischen Gedanken zuwider ist, soll ausgemerzt werden.

01.06.1949: Das Essen für die Schüler wurde von den Amerikanern unentgeltlich frei Hamburg geliefert.

75 Jahre Overberg-Schule Bottrop, 1988

hergab, da gingen die nebenbei arbeiten. Da war eine ganze Reihe
von Familien, wo die Männer auf der Zeche waren.
Und es waren meist kinderreiche Familien mit elf, sieben, fünf oder
vier Kindern. Familien mit nur einem Kind kenne ich kaum. Nur
eins oder zwei, das gab es damals noch nicht. Und ich kannte diese
ganzen Familien. Ich habe alle Eltern besucht. An so einem kleinen
Ort machte es sehr viel aus, wenn man die Leute kennt.
Und ich wollte die Leute auch kennenlernen. Ich wollte wissen,
woher die Kinder kamen, was sie taten und was sie zu Hause
trieben. Es ist bestimmt sehr gut, wenn man das weiß, und an so
einer kleinen Schule war das möglich. Üblich war das sicher nicht,
aber ich habe es getan und bin immer sehr gut aufgenommen
worden. Es machte auch sehr viel aus, wenn die Kinder wissen,
daß man mit den Eltern in Verbindung steht. Die nehmen sich in
acht, weil sie wissen, unser Fräulein kommt dann nach Hause.

"Der Unterricht, das war ein Kunststück ..."

Das war eine zweiklassige Schule, das heißt, es waren vier Jahr-
gänge in einer Klasse. Vier und vier - erstes bis viertes Schuljahr in
der einen, fünftes bis achtes Schuljahr in der anderen. In den Klassen
waren immer so 30 bis 40 Schüler.
Der Unterricht, das war ein Kunststück. Da sitzt ein Trüppchen I-
Männchen, und da sitzt ein Trüppchen, die konnten schon ein
bißchen mehr, und die muß man nun gleichzeitig unterrichten.
Gewöhnlich fingen wir jeden Tag mit der Heiligen Messe an. Die
Kinder kamen morgens, und wir gingen geschlossen zur Kirche.
Wir hatten auch einige evangelische Schüler, die kamen natürlich
nicht mit zur Kirche. Aber in der Schule merkte man überhaupt
keinen Unterschied. Danach gingen wir gemeinsam in die Schule,
haben zusammen ein Gebet gesprochen, und dann fing der Unterricht an. In der großen Pause wurde gespielt, Ballspiele und
Hümpeln, das war damals sehr beliebt. Da spielten dann auch
Mädchen und Jungen zusammen, aber in der Klasse saßen sie getrennt.
Wenn ich zum Beispiel Erdkunde unterrichtet habe, dann sagte ich,
jetzt machen wir eine weite Reise, da fahren wir alle mit. Ich habe
das ein bißchen interessant gemacht. Und dann habe ich das auf
der Karte gezeigt und etwas dazu erzählt.

Mädchenbildung

Bis gegen Ende des 19. Jahrhunderts konnte von Bildungschancen im eigentlichen Sinn für Mädchen kaum die Rede sein. Die Mädchen der Unterschicht bekamen ein dürftiges Minimalwissen in Lesen, Schreiben, Rechnen. Die Töchter des Bürgertums, im Reservat der Höheren Töchterschulen untergebracht, wurden vor allem auf schöngeistige Bildungsinhalte geübt. Das Lernziel war nicht auf die Person des Mädchens bezogen, auf die Förderung seiner Interessen und Fähigkeiten, sondern aufs Dasein für die Familie und den künftigen Ehemann.

Mitte des 19. Jahrhunderts, als die höhere Mädchenerziehung zu einem Thema wurde, trat der zuständige preußische Minister für eine gründlichere Ausbildung ein, weil es um den Unterricht der "zukünftigen Mütter im Volke" ging. Und im Jahre 1872 heißt es in einer Denkschrift, die eine Förderung der Höheren Mädchenschulen einleiten soll: "Es gilt, dem Weibe eine der Geistesbildung des Mannes ebenbürtige Bildung zu ermöglichen, damit der deutsche Mann nicht durch die Kurzsichtigkeit und Engherzigkeit seiner Frau gelangweilt und in seiner Hingabe an höhere Interessen gelähmt werde." Wichtig war die Aneignung der standesgemäß erwarteten Fertigkeiten, um die Aussichten auf eine passende Heirat zu fördern. Jeder Anflug eigenständiger Interessen war verdächtig, weil für die Heiratserwartungen schädlich: Mädchenbildung hörte auf, wo die selbständige Erfassung eines Gebietes begann.

Erst gegen Ende des 19. Jahrhunderts kamen Anzeichen einer Veränderung auf. 1889 wurden in Deutschland die ersten Kurse eingerichtet, die Mädchen zum Abitur hinführen sollten; 1896 gab es die ersten Abiturientinnen; im gleichen Jahr wurden an einigen Universitäten Gasthörerinnen zugelassen, freilich noch unter äußerst diskriminierenden Bedingungen; 1900 wurde in Baden den ersten Frauen die volle Immatrikulation gewährt.

Elisabeth Beck-Gernsheim, Vom Geburtenrückgang, 1984

Die Kleinen mußten in der Zwischenzeit Schönschreiben üben. Da brauchten sie nicht bei zu denken, sondern nur abschreiben. Denken konnten die dabei nicht, die hörten ja dauernd zu. Und sie fanden das ja auch spannend.

"Aus dem ist richtig was geworden ..."

Mit Spaß denke ich an einen Jungen, der konnte gar nicht genug hören von Gegenden, die weit, weit weg liegen. Und wenn die Schule aus war und ich ihn sah, dann ging er immer alleine. Dann habe ich ihn mir mal gegrabscht und ausgefragt. Er hat sich auf dem Nachhauseweg immer überlegt, wie er wohl mal in diese Gegenden kommen könnte. Der Junge, der hatte ein schlechtes Zuhause, der hatte einen Stiefvater, den er nicht mochte. Er war sehr unglücklich zu Hause. Ich habe ihm dann einige Anleitungen gegeben, was er wohl machen könnte.

Als er aus der Schule entlassen war, ist er von zu Hause weggegangen und hat auf verschiedenen Schiffen gedient. In der Schule war nicht so ganz viel los mit ihm, aber durch das Reisen hat er viel gelernt. In England hat er dann seine Frau kennengelernt. Er hat sie mit nach Deutschland gebracht, hat ein Reihenhaus gekauft und führt eine glänzende Ehe. Aus dem ist richtig was geworden. Er hält bis heute den Kontakt zu mir, und darüber freue ich mich natürlich.

"Ich habe mir immer etwas einfallen lassen ..."

Früher wußten die noch von Tuten und Blasen nichts, ich auch nicht. Da war doch keine Zeit gewesen, daß man reisen konnte. Nachkriegszeit, Arbeitslosigkeit, dann wieder Krieg. In meiner Jugend bin ich auch nirgendwo gewesen. Das Reisen war doch gar nicht verbreitet.

Und wenn ich dann sagte, jetzt steigen wir mal in ein Schiff und fahren über die Ostsee, dann waren die alle dabei. Die Kinder müssen mitmachen, mitgehen, dann ist das Unterrichten einfacher. Wer da hölzern vorsteht, der macht sich selber das Leben schwer. Das Einmaleins, das haben die singend gelernt. Ich habe dann immer ein paar Verschen darauf gemacht, so haben die ganz schnell

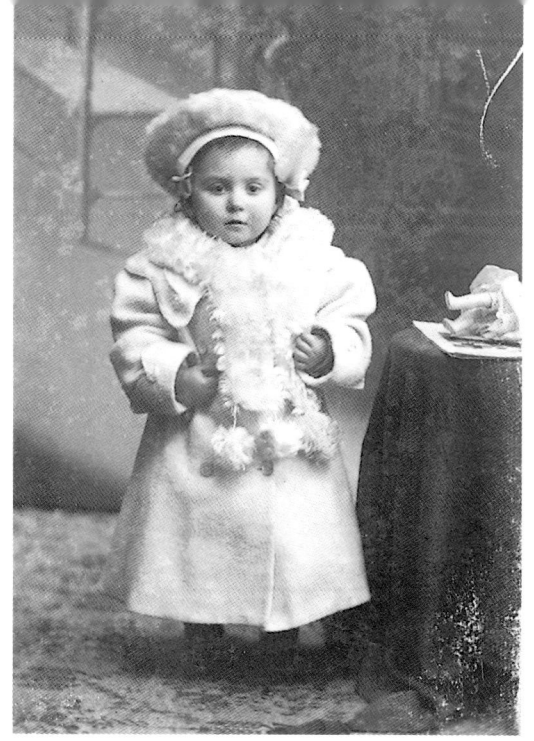

Zwei feingemachte Kinder (um 1900)

gelernt. Ich bin gut damit gefahren und gut damit angekommen. Manchmal habe ich die Kinder dann so gesetzt, daß einer fragte und einer antwortete, seitwärts. Ihr fragt und ihr antwortet, oder umgekehrt, so daß sie alle drankamen. Und dadurch haben die Schüler viel gelernt, und es hat Spaß gemacht.

Wir hatten ja nur Lese- und Rechenbücher, sonst nichts. Da gab es keine Anweisungen für den Unterricht. Das mußte man selber wissen. Das kann man durch keine Bücher lernen, mußte man sich selber ausklamüsern.

In der Schulklasse waren Jungen und Mädchen, aber ich habe die voneinander getrennt. Da war ein Gang in der Mitte, auf der einen Seite saßen die Mädchen, auf der anderen Seite die Jungen. Anders ging es ja nicht gut.

Wenn sich etwas nicht gehörte, dann habe ich kein Blatt vor den Mund genommen, egal ob Junge oder Mädchen. Aber ich hatte eigentlich keine Schwierigkeiten mit der Disziplin. Es ist niemand frech geworden.

Wir hatten wohl damals einen Stock, so einen Reitstock. Aber den habe ich nie gebraucht. Ich hätte das auch nicht gekonnt, hätte nie ein Kind so schlagen können. Einmal habe ich das gesehen. Da sind Schüler zu mir gekommen und haben mir ihre geschwollenen Hände gezeigt. Das sah furchtbar aus. Ich bin mein Leben lang ohne Stock fertig geworden, ich konnte die Kinder interessieren.

Wenn es gar nicht anders ging, dann habe ich auch mal einen Klaps gegeben, aber mit der Hand, sonst nichts. Oder ich habe gesagt, stell dich mal schön in die Ecke. Aber mit der Ecke, das habe ich schnell wieder abgeschafft. Da gab es nämlich so ausgelassene Bürschchen, die schneiden Fratzen und machen allerhand Mätzchen.

Hände auf den Tisch und geradesitzen, das gab es bei mir nicht, das ist unnatürlich. Man muß die Schüler beschäftigen, das ist viel wichtiger. Wenn man da vorne steht und man weiß selbst, was man will, dann hat man die Schüler schnell in der Hand. Wenn aber die Kinder merken, die ist unsicher - das wissen die nicht, aber das spüren die sehr schnell - dann nutzen die das aus.

Ich habe zum Beispiel mal einen Lehrer bei mir gehabt, der kam als Fremder, der wurde uns zugeschickt. Und der konnte das nicht. Die Kinder gingen durch die Fenster nach draußen, die gingen über Tische und Bänke. Und ich hörte den Krach und dachte, was ist denn bloß los. Ich bin heruntergegangen und habe die Klassentür

aufgemacht und gesagt, schämt ihr euch nicht. Die waren alle be-
gossene Pudel, sind auf ihre Plätze gegangen und haben nichts
mehr zu melden gehabt.
Und genauso ging es mir mal bei einem Pastor. Der konnte auch
keine Kinder stillhalten. Die machten dummes Zeug. Da habe ich
mich nur in die Tür gestellt, sonst nichts. Die guckten mich groß
an, und dann bin ich gegangen. Danach war Ruhe. Die haben nichts
mehr gesagt. Man muß eine gewisse Autorität ausstrahlen. Einige
können es, die anderen lernen es nie. Die sind an der verkehrten
Stelle. Wenn man ehrlich ist und mit den Eltern gut steht, dann hat
man keine Schwierigkeiten.
Mit 65 Jahren hätte ich ja in Pension gehen können. Aber die Eltern,
die wollten mich noch ein bißchen behalten. Ich durfte ja nicht.
Aber da haben sich die Eltern an die Schulbehörde gewandt, damit
ich noch bleiben konnte. Und ich wollte das wohl auch gerne, weil
ich gerne Lehrerin war.

"Die Eltern konnten kommen, wann sie wollten ..."

Es war wichtig, daß man sich um die Kinder kümmerte. Und die
Schule muß mit dem Elternhaus harmonieren, sonst geht es nicht.
Wenn man sich fremd bleibt, dann ist es aus.
Feste Elternsprechtage gab es nicht. Die Eltern konnten kommen,
wann sie wollten. Aber das wurde nicht so häufig in Anspruch genommen, das war keine Mode damals.
Wenn ich die Eltern besucht habe, dann wurde alles beigelegt, was
anstand. Wenn ich merkte, daß ein Kind Schwierigkeiten hatte, dann
bin ich hingegangen. Und wenn ich merkte, daß ein Schüler was
kann, dann habe ich das natürlich auch mit den Eltern besprochen.
Wenn man die Verhältnisse kannte, dann weiß man genau, wie weit
man gehen kann und was man den Eltern auch finanziell zumuten
konnte.
Es gab ja damals keine staatlichen Hilfen, soviel ich weiß. Und
wenn ich wußte, daß das die finanziellen Möglichkeiten der Familie
übersteigt, dann habe ich das schön gelassen. Für manche war es
ja schon hart, daß sie die Bücher und Hefte in der Volksschule
zahlen mußten.
Ich habe heute noch Kontakt zu ehemaligen Schülern. Einige be-
suchen mich auch noch, und wir freuen uns immer. Es wird so

manches aufgefrischt, und es wird so ungeniert gesprochen. Als ich Berufsanfängerin war, wäre das unmöglich gewesen.

Früher hatte man Angst vor der Lehrerin, das war eine Respektperson. Es war irgendwie eine Wand zwischen Schülern und Lehrerin. Das hat sich im Laufe der Jahre geändert. Die Schüler, die ich in späteren Jahren hatte, waren offener. Früher mußte man sie ausfragen, später haben sie von sich aus erzählt. Nicht nur im Unterricht, sondern im allgemeinen. Die Not, die Angst war weg, und da haben sie sich so allmählich geöffnet.

Gleichberechtigung

Die Organisation ist eben beim Weibe anders geartet als beim Manne, und seine Kräfte reichen nicht aus, die schweren Arbeiten zu verrichten, die dem Manne obliegen und von seiner kräftigeren Natur leicht zu bewältigen sind.

Und wie gewaltig zeigt sich die Ungleichheit in der inneren Veranlagung, in der intellektuellen und moralischen Begabung!

Die Männer sind die Vertreter der Kraft und zeichnen sich aus durch die darauf beruhenden aktiven Tugenden des Heldenmutes und der Standhaftigkeit, der Vaterlandsliebe und der Gerechtigkeit. Die Frauen sind die Vertreterinnen der Schönheit und der Liebe und ragen in unerreichbarer Überlegenheit über die Männer hinaus in den mehr passiven Tugenden der Demut und der Milde, der aufopfernden Hingebung und Barmherzigkeit.

Die fast ausschließlich männliche Schöpfungskraft in Wissenschaft und Kunst wird ausgeglichen durch die unglaublich steigerungsfähige Empfänglichkeit der Frau für die höchsten Ideale des Lebens. Der Mann wird in seinem Denken und Handeln bestimmt von seinem scharfen, alles durchdringenden Verstande, das Weib läßt sich leiten von den Regungen des bei ihm stärker entwickelten Gefühls. "Männer richten nach Gründen, des Weibes Urteil ist seine Liebe."

Bei allen Erwägungen und Vorschlägen, die eine Verbesserung der Stellung der Frauen bezwecken, muß deshalb immer beachtet werden, daß die Frauen nach ihren geistigen und körperlichen Anlagen von der Natur dazu berufen sind, das höchste menschliche Glück, das Glück häuslichen und friedlichen Familienlebens, zu begründen und zu pflegen und sich den erhabenen sozialen Pflichten zu widmen, die ihnen durch die Herrschaft des Gemütslebens als besonderer Vorzug ihres Geschlechtes zugewiesen sind. Diese von der Natur selbst gezogenen Grenzen können ungestraft nicht überschritten werden. Alle Versuche, den Frauen auf Kosten und unter Verleugnung der weiblichen Natur eine andere Stellung zu verschaffen, werden sich an ihnen selbst bitter rächen müssen.

Das aber ist der schwere Vorwurf, der gegen diejenigen Ausschreitungen der Frauenbewegung erhoben werden muß, die unter dem Aushängeschilde der zu erstreitenden Frauenrechte ganz verwerfliche Zwecke verfolgen.

Gleichberechtigung

Die einen konstruieren ein sexuelles Problem, das sie zu ihren Gunsten lösen wollen. Sie verlangen, daß die heranwachsende Jugend über den geschlechtlichen Verkehr aufgeklärt werde, und predigen, indem sie das Recht auf Mutterschaft auf ihre Fahne schreiben, das Evangelium der freien Liebe. Ihnen bedeutet die erstrebte Emanzipation des Weibes schließlich nichts anderes, als die Emanzipation des Fleisches, als die Befreiung von allen jenen, durch uralte Tradition geheiligten Gesetzen, durch welche Anstand und Sitte dem Verkehre der Geschlechter bei allen gebildeten Nationen ewig gültige Schranken gezogen haben.

Die anderen wollen die angebliche Zurücksetzung der Frauen im öffentlichen Leben beseitigen und verlangen die vollständige wirtschaftliche und politische Gleichstellung mit der Männerwelt. Die Hauptforderung ihres Programms geht auf die Erlangung des aktiven und passiven Wahlrechts in Staat und Gemeinde.

Einer ernsthaften Widerlegung darf ich mich wohl enthalten. Eine wirkliche Gefahr besteht nicht. Man könnte versucht sein, sich mit der Äußerung des Widerwillens zu begnügen und anzunehmen, daß die ganze Bewegung bald dem verdienten Spotte anheimfallen werde. Eine solche Annahme findet ihre Rechtfertigung schon in der Erwägung, daß in der psychischen und in der physischen Natur des Weibes ein unübersteigliches Hindernis liegt, den unbegrenzten Wettbewerb mit dem Mann aufzunehmen.

Auf dem Gebiete des Herzens führt die Frau ihr sanftes Szepter und "zaubert das Hüttchen zum Tempel der Wonne, zum Tempel der Ruh". Ihr mildes, anmutvolles Wesen, dessen stillem Wirken sich kein wahr und warm fühlendes Männerherz zu entziehen vermag, schafft uns jene liebe, traute Häuslichkeit, an deren festumfriedeten Mauern sich die tosenden Stürme der Außenwelt brechen.

Und diese stillen Räume, in denen der tätige, schaffende Mann nach der harten Arbeit des Tages Ruhe und Erholung suchte und fand, sollen in Zukunft widerhallen von dem Kampfschrei der um staatliche und kommunale Meinungen und Interessen streitenden Parteien.

Windthorst, Lebenserfahrungen eines Idealisten, 1912

Bewahranstalt (um 1900)

Die Frauenrechtlerin

"Die Haltung meiner Mutter hat mich sicher auch geprägt ..."

Als meine Mutter 1900 geheiratet hat, war sie 20 Jahre alt. Sechs Jahre später war sie Witwe. Da stand sie da mit zwei` kleinen Kindern, und das dritte ist zur Welt gekommen, nachdem mein Vater fast neun Monate tot war. Und da hieß es, sie könne nicht Vormund sein über ihre Kinder, es müsse ihr von Amts wegen ein Vormund bestellt werden.
Da hat meine Mutter aber losgelegt: Das kommt bei mir nicht in Frage. Die Kinder konnte ich bekommen, und daß ich jetzt für die Kinder da sein muß und dafür sorgen muß, daß aus ihnen etwas Anständiges wird, das ist selbstverständlich - aber Vormund darf ich nicht sein. Sie wird getobt haben, aber die Vormundschaft hat sie bekommen.
Meine Mutter war sparsam und fleißig, aber die Witwenversorgung war ja ganz schlecht. Zum Glück hatte mein Vater eine Lebensversicherung abgeschlossen. So konnte sie noch ein Haus bauen.
Und sie fühlte sich auch dazu befähigt, den Menschen auf dem Bau, ob es Dachdecker oder Maurer oder Zimmerleute waren, gegenüber ihre Meinung zu sagen und denen auch mal den Marsch zu blasen, wenn sie hinter den Sträuchern ein Nickerchen gemacht haben. Sie hat gedacht, es geht um mein Geld, ich muß die Rechnungen bezahlen. Sie war sehr resolut.

"Umsonst bin ich nicht so renitent ..."

Meine Mutter hat uns durch den ersten Krieg und die Nachkriegszeit alleine gebracht. Sie fuhr ins Münsterland und hamsterte, damit wir Kinder etwas zu essen hatten. Und wir haben alle einen anständigen Beruf erlernt. Ich habe meine Ausbildung zur Kindergärtnerin gemacht und hätte gerne noch das Jugendleiterexamen gemacht. Aber da waren noch die beiden jüngeren Geschwister, die mußten jetzt erst einmal was lernen. Ich fühlte mich immer für meine Geschwister verantwortlich. Erst viel, viel später ist mir zu

Männer und Frauen

Ich will, daß die Männer an allen Orten beim Gebet ihre Hände in Reinheit erheben, ohne Zorn und Streit. Ferner sollen die Frauen sich anständig, bescheiden und zurückhaltend kleiden; nicht Haartracht, Gold, Perlen oder kostbare Kleider seien ihr Schmuck, sondern gute Werke; so gehört es sich für Frauen, die gottesfürchtig sein wollen.

Eine Frau soll sich still und in aller Unterordnung belehren lassen. Daß eine Frau lehrt, erlaube ich nicht, auch nicht, daß sie über ihren Mann herrscht; sie soll sich still verhalten.

Denn zuerst wurde Adam geschaffen, danach Eva. Und nicht Adam wurde verführt, sondern die Frau ließ sich verführen und kam zu Fall. Sie wird aber dadurch gerettet werden, daß sie Kinder zur Welt bringt, wenn sie in Glaube, Liebe und Heiligkeit ein besonnenes Leben führt.

Das Neue Testament, Die Paulinischen Briefe, Erster Brief an Timotheus

Bewußtsein gekommen, daß ich so etwas wie der Vater in der Familie war.

Aber die Haltung meiner Mutter, daß sie sich nie hat bevormunden lassen, die hat mich sicher mitgeprägt. Umsonst bin ich nicht so renitent. Das habe ich sicherlich von ihr.

"Diesen Satz habe ich nie vergessen können ..."

Ich muß sagen, daß ich erst durch die Kirche Frauenrechtlerin geworden bin. Diese Bevormundung der Frauen, diese zweitklassige Stellung der Frau in der Kirche hat mich dazu gemacht.

Ich lebte ja anfangs noch in der Meinung, wenn man etwas Schlechtes oder etwas Kritisches über einen Geistlichen sagt, dann ist das eine Todsünde. In diese Rangordnung bin ich hineingewachsen. Bis ich zu etwas Verstand kam - da war ich so 15, 16 Jahre alt.

Die Beichte zum Beispiel, die ging so gegen meine Natur. Daß da ein Mann war, dem ich mich nun offenbaren sollte, das ging gegen meinen Stolz und meine Einstellung. Da kann man hundertmal sagen, das ist ein Priester. Das ließ ich nicht gelten. Er ist ja Mensch geblieben, und das heißt, er ist Mann geblieben.

Und welche Rolle hat die Kirche der Frau zugedacht? Ich erinnere mich, daß ich als junge Frau an einem Dreifaltigkeitssonntag in der Kirche war. Und da wurde immer ein Schreiben vom Papst verlesen, über die Ehe. Und da höre ich immer nur: Paulus, Paulus, Paulus. Er soll dein Herr sein, der Mann ist das Haupt der Familie und so weiter. Der Mann als Haupt der Familie, das wurde den Mädchen eingebleut, das wurde für normal gehalten.

In den sogenannten Standespredigten hat mal ein Pastor von der Kanzel gesagt: "Und wenn der Mann betrunken nach Hause kommt, dann hat die Frau ihm zu Willen zu sein." Das war eine ungeheure Mißachtung der Frau. Ich war noch ein junges Mädchen, aber diesen Satz habe ich nie vergessen können, mein ganzes Leben lang nicht. Ich bin damals aufgestanden und habe die Kirche verlassen.

1930 habe ich geheiratet, da war ich 27 Jahre alt. Damals war noch der Brautunterricht aktuell. Niemand konnte getraut werden, der nicht im Brautunterricht war. Nun hatte dieses ehrenvolle Amt meinem Mann und mir gegenüber mein Vetter Joseph übernommen, der damals Vikar in Erfurt war. Joseph, habe ich gesagt, du hältst jetzt bei uns den Brautunterricht. Ich will dir nur eines sagen, wenn du bei der Trauung auch nur einmal das Wort Paulus in den Mund nimmst, stehe ich auf und verlasse das Lokal. Wörtlich! Er hat das Wort Paulus nicht gebraucht. Ich weiß nicht, ob die Trauung deshalb ungültig war, aber unsere Ehe hat gehalten bis zum Lebensende meines Mannes.

"Ich mußte mich oft durchsetzen ..."

Ich habe immer versucht, meine kritischen Gedanken und Meinungen mit Frauen zu besprechen. Über 40 Jahre war ich im katholischen Frauenbund. Erst habe ich da die Caritas gemacht, und dabei ging es keineswegs nur um Theorie, sondern um handfeste Unterstützung der Frauen. Ich habe zum Beispiel eine Frauengruppe eingerichtet, die es sich zur Aufgabe gemacht hat, für kinderreiche Frauen die gesamten Flickarbeiten zu machen. Und ich habe dafür gesorgt, daß Frauen Urlaub machen konnten, daß sie zur Kur kamen und daß sie dafür das nötige Rüstzeug, zum Beispiel vernünftige Kleider, bekamen.
Dann habe ich den ersten Weihnachtsmarkt an meiner damaligen Wirkungsstätte eingeführt. Der Erlös kam wiederum großen Familien zugute.
Erst hatte ich einen eigenen Bezirk, später wurde ich zweite Vorsitzende des ganzen Kreisverbandes mit 25 Bezirken. Außerdem war ich 15 Jahre Vorstandsvorsitzende des Müttergenesungswerkes in einer rheinischen Großstadt. Und 15 Jahre lang war ich Schöffin beim Jugendgericht und mußte mich oftmals gegenüber den männlichen Schöffen und manchmal auch dem Richter gegenüber durchsetzen.

"Es war immer ein innerer Widerstand dabei ..."

Das heiße Eisen Frau in der Kirche, das habe ich bei meinem Frauenbund oft zur Sprache gebracht. Ich wollte die Gleichberechtigung der Frau, nicht nur in der Kirche, sondern auch gesellschaftlich. Das war mein Anliegen.
Ich sagte den Frauen: Ihr müßt sehen, daß ihr innerhalb der Familie eine geachtete Stellung habt, das seid ihr euch und euren Kindern

schuldig. Es reicht nicht, daß ihr wißt, wie Griesmehlpudding gekocht wird oder wie man die Wohnung putzt. Das ist entschieden zu wenig. Ihr müßt euch nicht alles gefallen lassen, ihr müßt gegen die Ungleichbehandlung mitarbeiten.

Es war aber immer ein innerer Widerstand dabei, wenn ich mit den Frauen über diese Themen sprach. Es waren ja überwiegend christkatholische Frauen - in der Furcht des Herrn aufgewachsen. Und sie fragten sich in erster Linie, was sagt die Kirche dazu, was sagt der Pastor dazu, was sagt der Kaplan dazu.

Und die Kirche sagt, daß die Frau dem Manne untertan zu sein hat. Das ist in der Bibel schon so. Die Frau ist als Gehilfin des Mannes erschaffen worden. Als man sah, daß es der Mann nicht bequem genug hatte, da erschuf der liebe Gott dem Mann eine Gehilfin. Und dieses Omen, das hat die Frau selbst heute noch durchzustehen. Überall ist sie Gehilfin, überall ist sie die Zweitrangige.

"Die Männer haben es sich sehr einfach gemacht ..."

Die Männer waren ja immer stärker. Sie sind von der Natur aus stärker geschaffen worden. Und aus dieser körperlichen Kraft heraus hat sich der Mann sein Vorrecht eingeräumt.

Aber wenn Mann und Frau abwechselnd die Kinder kriegen müßten, hätten wir in jeder Familie höchstens drei: Das erste bekäme die Frau, das zweite der Mann und das dritte die Frau - und dann wäre Feierabend.

Die Männer haben es sich sehr einfach gemacht früher. Die hatten wohl auch ihre Arbeit - aber sie hatten auch ihre Abwechslung. Sie gingen zu Versammlungen und politisierten dort - die Frauen mußten sich ihr Versammlungsrecht erst mühsam erkämpfen.

Die Männer gingen in die Wirtschaft, und das nicht nur abends. Sie gingen auch oft tagsüber rein. Da habe ich zu tun, hieß es. Da kommt der, da muß ich mein Mehl bestellen, oder da kommt der, da muß ich dies machen. Das war eine schöne Sache. Da konnten sie in Ruhe ein Bierchen trinken und erfuhren die letzten Neuigkeiten. Und die Frauen saßen zu Hause bei den Kindern und machten die Arbeit. Eine Frau konnte es sich doch nicht erlauben, in eine Wirtschaft zu gehen.

Ich möchte auch nicht wissen, wie viele Frauen von ihren Männern geschlagen wurden. Damals hatte der Mann noch das Recht, seine

Frauenbewegung

Die Anfänge der Frauenbewegung regen sich in Deutschland Mitte des 19. Jahrhunderts - gerade als sich die gesellschaftlichen Strukturveränderungen abzeichnen, die die Industrialisierung begleiten. Die Idee des Feminismus ist älter; sie wurzelt im Gedankengut der Französischen Revolution und weiter zurück in der Aufklärung: ein konsequentes Weiterdenken der Menschenrechte, die als bloße Männerrechte formuliert waren.

Eine kontinuierliche Entwicklung der deutschen Frauenbewegung beginnt 1865 mit der Gründung des Allgemeinen Deutschen Frauenvereins (ADF), die noch von Pionierinnen der Vormärzzeit ausgeht. Für die erste Generation, bis in die 90er Jahre, steht die "Bildungs- und Erwerbsfrage" im Vordergrund. In den 90er Jahren tritt die Frauenbewegung durch die Gründung des Bundes Deutscher Frauenvereine (BDF), der als Dachorganisation den immer mehr, aber auch immer divergenter werdenden Frauenvereinen einen formalen Rahmen gibt, in eine neue Phase. Auch der ADF schließt sich dem BDF an, in dem gemeinnützige und sozialkaritative Vereine in der Überzahl sind. Aber in den 90er Jahren bildet sich in der deutschen Frauenbewegung auch ein radikaler Flügel, der um die Jahrhundertwende tonangebend wird. Die radikalen Frauen bringen neue Probleme zur Sprache: die Situation der Prostituierten , die gesellschaftliche Stellung der ledigen Mütter und allgemeinere Fragen der Sexualmoral. Durch die Radikalen wird die Kampagne für das Frauenstimmrecht gestartet, die die Zeit vor dem ersten Weltkrieg bestimmt. Während die Aktivitäten des radikalen Flügels das Bild der Frauenbewegung in der Öffentlichkeit prägen, befassen sich die zahlreichen gemäßigten Vereine mehr mit Sozialarbeit im weitesten Sinne; führende Frauen des gemäßigten Flügels entwickeln den Gedanken von der Frauenbewegung als einer "Bewegung organisierter Mütterlichkeit", die den Frauen in diesem Sinne eine Einflußphäre außerhalb der Familie verschaffen solle. Nach 1908 verlieren die radikalen Frauen wieder an Einfluß; die Gemäßigten setzen sich durch und bestimmen die Politik der Frauenorganisation für die nächsten beiden Jahrzehnte.

Herrad Schenk, Die feministische Herausforderung, 1980

Frau in geziemender Weise zu züchtigen. Das war ihm vom Gesetz zugebilligt.

"Die Frau ist für die Kinder da, aber ..."

Die Frauen damals waren sich häufig ihres Wertes gar nicht bewußt. Sie haben Ungeheures geleistet und die ihnen gebührende gesellschaftliche Anerkennung eigentlich nie bekommen. Sie haben ihre Situation als gottgewollt hingenommen.
Sie wären sicherlich kritikfähiger gewesen, wenn ihnen eine höhere Bildung zugestanden worden wäre. Aber sie hatten ja längst nicht die gleichen Bildungschancen wie die Männer.
1908 gab es hier in Westfalen die ersten Abiturientinnen. Der Kampf um das Studium der Frauen hat 30 Jahre gedauert und wurde gegen den erbitterten Widerstand der Männer ausgefochten. Und dann wurden diese Frauen als "Blaustrümpfe" tituliert, die wurden lächerlich gemacht, die wurden madig gemacht. Die Frau ist für die Kinder da, die Frau soll sich um die Kinder kümmern, hieß es. Natürlich ist die Frau für die Kinder da, aber der Mann auch, meine ich.
Die Frauen konnten damals, von den Selbständigen mal abgesehen, nur wählen zwischen Beruf oder Ehe. Es war früher selbstverständlich, daß eine Frau die Stellung aufgab, wenn sie heiratete. Und in einigen Berufen war das sogar vertraglich festgelegt.
Und die Stellung der Frau in der Fabrik, die habe ich auch erlebt. Im zweiten Weltkrieg war ich dienstverpflichtet. Ich hatte die Wahl zwischen einer Tinten- und einer Keksfabrik.
Und da hab ich mich natürlich für die Keksfabrik entschieden. Wir bekamen jede Woche fünf Pfund Bruch. Die konnte ich dann unter meinen Mitbewohnern verteilen.
Am Band haben wir gearbeitet, im Akkord. Wir waren zwar nur Halbtagskräfte, aber wir schufteten wie die Besenbinder. Und da habe ich gesagt, warum verdienen wir so einen geringen Stundenlohn. Ich bin zu der Rechnungsabteilung hin und habe gefragt, wie sie dazu kommen, für die Frauen solche Löhne festzusetzen. Die haben nie mehr verdient, sagte man mir. Wir arbeiten das gleiche, entgegnete ich, und ich muß für meine Mitarbeiterinnen erwarten, daß wir auch besser bezahlt werden. Wir haben es bekommen.
Aber es ist ja heute noch nicht so, daß für gleiche Arbeit der gleiche Lohn gezahlt wird. Immer noch nicht.

"Freiwillig hat das kaum jemand getan ..."

Und was wäre bei einer Ehescheidung passiert? Ich habe das mal bei einem Vortrag vor Akademikerinnen an einem Beispiel erörtert: Die Eheleute hatten eine Bäckerei. Die Frau hat alles mitgemacht, hat im Laden gestanden, hat für die Gesellen und die Lehrlinge mitgekocht - das war damals so üblich - hatte drei oder vier Kinder, und abends stopfte sie Strümpfe oder ähnliches.

Der Mann hat sich scheiden lassen, heiratete eine nette Verkäuferin und schickte seine Frau in die Wüste. Es war ein Vermögen von, sagen wir, 50.000 Mark da.

Was stand der Frau zu, fragte ich die Damen, sie können mit ihrer Schätzung ruhig niedrig ansetzen. Keine wußte die richtige Antwort. Die Frau hätte keinen Pfennig davon bekommen, sagte ich. Der Mann hatte wohl die Verpflichtung, entsprechend seinen Verhältnissen für den Lebensunterhalt aufzukommen.

Aber freiwillig hat das kaum jemand getan, das habe ich oft in meiner Arbeit erfahren müssen. Und so war es, bis dann die neue Rechtsprechung kam.

"Meine Seele war vollkommen ausgebreitet ..."

Was habe ich in meinem Leben schon für Vorträge gehalten. Nicht nur bei Versammlungen, sogar auf Bahnsteigen oder in der Eisenbahn. Über Frauenprobleme, über die Frau in der Kirche oder in der Politik. Und später auch über die Einstellung der Nazis zu den Frauen. Die haben damals schon vieles rückgängig gemacht, was zeitgemäß war. Da habe ich jede Gelegenheit zum Gespräch gesucht und gefunden.

Eines Tages wurde ich von zwei Gestapoleuten abgeholt und verhört. Eine Frau, mit der ich 19 Jahre befreundet war, hat mich angezeigt. Sie hatte einen sieben Seiten langen Schreibmaschinenbrief geschrieben. Alles, was ich über die Nazis gesagt hatte, alles, was ich negativ beurteilt hatte, alles stand da drin. Meine Seele war vollkommen ausgebreitet.

Nicht nur ich war angezeigt worden, meine Mutter war es, meine Schwester auch - aber sie hatten nur eine Geldstrafe von 250 Mark zu zahlen. Und mein Mann wurde aus dem Berufsbeamtentum ausgeschlossen.

Ich mußte ins Gefängnis. In ein KZ bin ich zum Glück nicht gekommen, es ging damals schon dem Ende zu. Neun Monate war ich da, ohne eine Gerichtsverhandlung. Ich wurde nicht mit Namen angeredet, und ich durfte nicht mit "Heil Hitler" grüßen. Das war das einzig Gute an der ganzen Gefängniszeit.

Was ich da erlebt habe, geht auf keine Kuhhaut. Nur dadurch, daß der Krieg beendet wurde, bin ich mit heiler Haut da rausgekommen.

"Wie gehabt in aller Zeit ..."

Die Frauen haben im Krieg bewiesen, zu was sie alles fähig sind. Es waren ja häufig typisch männliche Berufe, die von Frauen ausgeübt wurden. Zum Beispiel Straßenbahnführer. Wer wollte denn in einer Straßenbahn fahren, wenn da kein Mann am Steuer saß? Und nachher haben sie gesehen, daß die Frauen sie auch ans Ziel brachten, daß sie deshalb nicht verunglückten.

Oder hat man früher einen Mann mit einem Kinderwagen auf der Straße gesehen oder einen Mann mit einer Einkaufstasche? Die Frauen waren doch die Lastenträger. Daß die Männer heute Kinderwagen schieben, das ist nur den Engländern zu verdanken. Die zogen mit dem Kinderwagen umher. Da haben unsere Mütter gestaunt. Und heute hat sich das zum Glück eingebürgert.

Wir wären auch schon weiter gewesen, wenn die Kirche die Frau nicht unter der Fuchtel gehalten hätte. Sie hat die Frauen bewußt unterdrückt. Was habe ich für Szenen gehabt mit Pastören. Ich war dafür verschrien, daß ich meine Meinung sagte, und das sehr deutlich. Aber ohne Provokation kann kein Mensch etwas verändern.

Wie gehabt in aller Zeit, so bleibt es in Ewigkeit, sagt auch heute noch mancher Pastor. Nein, so ist es nicht, sage ich. Wir waschen nicht mehr wie früher, wir kochen nicht mehr wie früher, wir erziehen unsere Kinder nicht mehr wie früher - und jetzt soll das in der Kirche so bleiben wie früher?

Ich möchte heute die Frauen, die Menschen hinführen zu den Möglichkeiten, die der Mensch in der heutigen Zeit hat, und zu den Aufgaben, die er heute hat. Das ist doch eine ganz andere Perspektive.

Geschichtlicher Überblick

1891   wird das Frauenstudium erstmals im Reichstag verhandelt
1894   wird der Bund Deutscher Frauenvereine gegründet
1896   bestehen die ersten Mädchen ihr Abitur
1900   werden die ersten Frauen zum Studium zugelassen
1901   wird die Röntgendiagnose entwickelt
1901   beträgt die durchschnittliche Lebenserwartung von Männern 44,8 Jahre, von Frauen 48,7 Jahre
1902   wird der Deutsche Verband für Frauenstimmrecht gegründet
1904   entsteht der Bund für Mutterschutz
1905   wird der Allgemeine Deutsche Frauenverband gegründet
1907   wird der Deutsche Bund für Mutterschutz gegründet
1908   tritt das Gesetz betreffend der Vereinsfreiheit für Frauen in Kraft
1908   wird für Frauen in Fabriken eine maximale Arbeitszeit von zehn Stunden gesetzlich eingeführt
1909   wird in London die erste Dauerwelle gelegt
1910   tragen modebewußte Frauen große Hüte und fußfreie Röcke
1911   erlangt die erste deutsche Frau das Pilotenzeugnis
1911   steigt die Säuglingssterblichkeit mit 19,2 auf 100 Lebendgeborene durch den heißen Sommer auf einen traurigen Rekord
1912   wird der Muttertag in den USA anerkannter Feiertag
1912   wird der Deutsche Bund zur Bekämpfung der Frauenemanzipation gegründet
1913   gibt es rund 40.000 Hebammen im Deutschen Reich
1914   bricht der erste Weltkrieg aus
1916   werden die ersten Mütterkuren durchgeführt
1916   erlebt Deutschland aufgrund der schlechten Ernährungslage den sogenannten "Kohlrübenwinter"
1918   erreicht die Frauenarbeit in Deutschland durch den Krieg etwa 230% des Friedensstandes
1918   dankt der Kaiser ab, die Republik wird ausgerufen
1918   erhalten die Frauen durch die Weimarer Verfassung das Stimmrecht
1918   wird der Acht-Stunden-Tag gesetzlich eingeführt
1919   besteht ein zwölf Wochen Arbeitsverbot für werdende Mütter und Wöchnerinnen und ein Nachtarbeitsverbot für Frauen
1920   löst der Büstenhalter das Korsett ab
1921   wird die Insulin-Behandlung möglich

1921   kommt der Bubi-Kopf auf
1922   ist der klassische Stil der Frauenmode das glatt fallende
       Gewand
1923   kommt der Gedanke des Muttertages auch nach
       Deutschland
1923   wird die Inflation mit Einführung der Rentenmark beendet
1923   wird der erste Rundfunksender in Betrieb genommen
1927   wird der Arbeits- und Kündigungsschutz für werdende und
       stillende Mütter beschlossen
1929   wird die Hormonbehandlung möglich
1929   beginnt eine schwere Weltwirtschaftskrise
1930   entsteht die Katholische Arbeitsgemeinschaft fürMütterkuren
1932   sind auf dem Höhepunkt der Weltwirtschaftskrise in
       Deutschland über 6 Millionen Menschen arbeitslos
1932   wird die Arbeitslosen- und Wohlfahrtsunterstützung gekürzt
1933   wird Adolf Hitler Reichskanzler
1934   veröffentlicht Hermann Knaus nach der zugleich mit dem
       Japaner K. Ogino gewonnenen Erkenntnis der
       empfängnis- freien Tage der Frau sein Buch "Die Physiolo-
       gie der Zeugung des Menschen"
1935   treten die Arbeitsdienstgesetze in Kraft
1938   ist das Ehrenkreuz der deutschen Mutter in Gold die
       Auszeichnung für Mütter mit mehr als sieben Kindern
1939   bricht der zweite Weltkrieg aus
1939   werden zwecks Rationierung Lebensmittel- und
       Kleiderkarten eingeführt
1940   gibt es die ersten Nylonstrümpfe
1941   steigen die zur Kriegsfinanzierung dienenden Spareinlagen
       der Bevölkerung vom Vorkriegsstand 301 Reichsmark auf
       940 Reichsmark pro Kopf
1942   kommt die hochgekämmte Frauenfrisur, die sogenannte
       Ent warnungsfrisur", in Mode
1945   herrscht in Deutschland und anderen Ländern nach
       Beendigung des zweiten Weltkrieges ein schwerer Mangel
       allgemeinen Bedarfsgütern
1947   blühen die sogenannten "Schwarzen Märkte"
1948   wird in beiden Teilen Deutschlands die Währung reformiert;
       die angesammelten Spareinlagen werden auf 5% entwertet
1950   wird die Lebensmittelrationierung in Deutschland
       aufgehoben

Literaturverzeichnis

Beck-Gernsheim, Elisabeth: Vom Geburtenrückgang zur neuen Mütterlichkeit? Über private und politische Interessen am Kind, Frankfurt 1984.
Davidis, Henriette: Die Hausfrau, Leipzig 1876.
dies.: Mutters praktisches Kochbuch, München o.J., Nachdruck der Ausgabe von 1844.
Festschrift zum 75jährigen Bestehen der Overberg-Schule Bottrop, Bottrop 1988.
Hippius, U.: Der Kinderarzt als Erzieher, München 1909.
Löbe, Paul: Deutsche Kindheiten; zitiert nach: Irene Hardach-Pinke (Hrsg.), Deutsche Kindheiten 1700 bis 1900, Kronsberg 1978.
Das Neue Testament, Stuttgart 1972.
Peikert, Ingrid: Zur Geschichte der Kindheit im 18. und 19. Jahrhundert; in: Heinz Reif (Hrsg.), Die Familie in der Geschichte, München 1982.
Ruppert, Wolfgang (Hrsg.): Die Arbeiter, München 1986.
Schenk, Herrad: Die feministische Herausforderung. 150 Jahre Frauenbewegung in Deutschland, München 1980.
Schreiber, Georg: Mutter und Kind in der Kultur der Kirche, Freiburg 1918.
Schwester Bernadines Hausmittelbuch, München 1982.
Windthorst: Lebenserfahrungen eines Idealisten, Freiburg 1912.
Wulf, Christoph (Hrsg.): Wörterbuch der Erziehung, München 1974.

Abbildungen

Seite 31: Katalog der Firma Obletter, München; um 1908.
Seite 96: Das häusliche Glück - Vollständiger Haushaltungsunterricht nebst Anleitung zum Kochen für Arbeiterfrauen, 1882.
Alle weiteren Fotos und Abbildungen stammen aus Privatbesitz.

Nachwort

Ich erinnere mich gerne an die Stunden, die ich, mit meinem Auf-nahmegerät ausgerüstet, bei meinen Gesprächspartnern zugebracht habe. Es war spannend, den Menschen zuzuhören, die in jenen Jahren zu Hause waren. Für ihre Bereitschaft, aus dem familiären oder beruflichen Erfahrungsschatz mit großer Offenheit zu erzählen, muß ich mich bedanken.

Dieses Buch verdankt auch viel den Freunden und Bekannten, die mich durch ihren Zuspruch und ihre Fragen bestärkt haben und mir Kontakte, Fotos und Literatur zur Verfügung stellten. Die Damen Helene Lemmer und Wilma Stieler seien stellvertretend für alle genannt.

Erwähnen möchte ich auch die Mitarbeiter der Stadtbücherei Bottrop, die meine ausgefallenen Literaturwünsche mit Zuvorkommenheit und hoher Fachkenntnis erfüllt haben.

Ein besonderer Dank gebührt meinem Mann, der mich nicht nur in meiner Arbeit tatkräftig unterstützt hat, sondern mir durch diverse Zoo- und Zirkusbesuche ein ungestörtes Arbeiten ermöglicht hat.

Zuletzt möchte ich noch Charlotte und Laura nennen, anstrengende ein bzw. vier Jahre alt. Ohne ihre Anwesenheit wäre das Manuskript sicher eher fertig geworden. Aber erst durch ihr Dasein war ich in der Lage zu beurteilen, welche bemerkenswerten Leistungen die Mütter vergangener Jahre erbracht haben.

Angelika Königsfeld

LitRevier

Bücher, die aus der Reihe tanzen

1 − Aarhus/Aarhus:
„**Endlösung Ruhr**" − Ausgrenzung ins Jenseits
Der Roman zeichnet das Undenkbare als machbar auf:
Ruhiggestellte Menschen dämmern in dem wirtschaftlich
toten Revier vor sich hin. SIE und ER beginnen, Schritt
für Schritt, die Wahrheit aufzudecken, die ganz undenkbare Wahrheit der „Endlösung Ruhr". 96 Seiten.

2 − Pierre-Hippolyte-L. Paillot
„**Zuflucht Rhein/Ruhr**" − Tagebuch eines Emigranten
Von der Revolution vertrieben flieht der französische Ger-
bermeister Paillot 1794 ins Ruhrgebiet und beschreibt
unsere Vorfahren bei Arbeit, Leben und Brot. Eine zum
ersten Mal in deutscher Sprache veröffentlichte Dokumen-
tar-Erzählung mit vielen zeitgenössischen Bildern und Bei-
lagen. 128 Seiten.

3 − Winterseel/Boschmann/Günther
„**Zappendusta**" − vom Tod eines Reviertheaters
Drei Beteiligte beschreiben die Geschichte und - aus unter-
schiedlichen Blickwinkeln - das Sterben eines Theaters in
der Revierprovinz. Sie bilanzieren das Ergebnis kahlschla-
gender Kulturpolitik. Mit zahlreichen Abbildungen, 112
Seiten.

4 − Werner Boschmann und die Klasse 7e des Josef-
Albers-Gymnasiums
Lexikon der Ruhrgebietssprache − „1000 Worte Bottropisch"
Die Gebildeten schauen auf sie herab, und ganze Völkerscha-
ren verlachen ihr „watt" und „ey". Aber wir sind stolz auf
UNSERE Sprache. Ein unverzichtbares Hilfsmittel − für Ein-
heimische zur Vergewisserung und für „Ausländer" zum bes-
seren Verständnis! Mit zahlreichen Abbildungen, 128 Seiten.

− Die Reihe wird fortgesetzt −

Alle Titel sind über den Buchhandel erhältlich. Sollte dies einmal nicht der
Fall sein, so können Sie auch direkt über den Verlag bestellen

Verlag Rainer Henselowsky · Kiek ut 20 · 4300 Essen 11